新装版の出版に寄せて

知覧にいた日本のマザー・テレサ

永松茂久

あなたは、「日本のマザー・テレサ」と呼ばれた女性がいたことをご存じだろうか？

第二次世界大戦の末期、明日死にゆく特攻隊の思いをくみとり、彼らを温かく包み、そして見送った女性がいたことをご存じだろうか？

「特攻の町、知覧《ちらん》」というキーワードは、この日本のマザー・テレサともいうべき女性の立てた一本の棒杭から始まったことをご存じだろうか？

その人の名は、鳥濱《とりはま》トメ。いまから70年前、太平洋戦争下の過酷《かこく》な環境の中、誰よりも命と向き合い、愛に生きた人。

戦争が始まる前から鹿児島の知覧という町で食堂のおかみさんとして、人のために尽くし、戦時中は自分の財産を投げうっても、知覧から飛んでいく特攻隊員たちのお母さん代わりとなって、共に笑い、共に泣き、彼らの最後のときを温かく見守った。

ときにはスパイと間違えられかねない危険をおかしても、特攻隊の遺族に手紙を書き、戦後は敵であったアメリカ兵にも「ママ」と慕《した》われ、生き残った特攻隊員には未来を示す。自分の家に入った泥棒ですら、引き取って更正させる。

戦後、誰もが見向きもしなくなり、それどころか批判の対象になってしまった特攻隊員たちの死を、ただ一人で弔《とむら》いつづけながら、戦後の復興にも尽力し、現在の知覧の発展の礎《いしずえ》を築き上げた。どんなに自分が不利な立場に立たされようが、自分がどれだけ損をしようが、ただただ人のために生きた女性。

小説でもドラマでもない、本当にこんな人間が実在したのだ。

人の運命は、出会いで大きく変わると言われる。私自身もそうだった。いまから13年前、人生に迷っていたとき、ふと思い出した祖父の言葉を頼りに訪れた知覧、ここで出会った人たちが私の人生を大きく変えてくれた。

知覧には特攻平和会館という、かつての特攻隊員の遺書を展示している大きな資料館がある。そこには映像を流しているコーナーもあるが、その映像に、一人のおばあさんが出てきて特攻隊員の思いを語っているものがあった。思えば、それが私と鳥濱トメさんとの出会いだった。

トメさんの話に引き込まれて、「この人に会いたい」と思ったが、もうすでに亡くなっていた。けれども調べてみると、特攻隊員たちが通ったトメさんの食堂が資料館になっていることを知った。「ホタル館富屋食堂」がそれだ。

その足でホタル館に行くと、そこにトメさん直筆のこんな言葉があった。

「命より大切なことがある。それは徳を貫《つらぬ》くことである」

いい言葉は世の中にたくさんある。しかし、私は、鳥濱トメさんと特攻隊員の人たち、この方々よりも、この言葉通りに生きた人を知らない。

この崇高《すうこう》な生き方に、それまでの自分の自己中心的な生き方が恥ずかしくなり、「穴があったら入りたい」ではなく、「穴を掘ってでも入りたい」と思うくらい、頭に冷水をぶっかけられたような気分になった。そして少しでも、この生き方に近づきたい、この人たちのことを伝えたいと思って行動するようになった。それ以来、自分でもびっくりするくらい人生が好転しはじめた。この本を読み終えた後、おそらくあなたも少なからず、当時の私と同じ思いになるのではないかと思う。

知覧や特攻隊に関する本は数えきれないほどあるが、私が本書をどうしても推薦したい大きな理由がある。それは、本書の著者が、鳥濱トメさんから直接聞いて、それを伝えた語り部であるという点である。

鳥濱明久氏。鳥濱トメさんの意志を継いだ直系のお孫さんが、20年の語り部生活の中からのエキスを注入した本であるということは、歴史的資料としても、そして、あなたにとっての人生の教科書としても、偉大な価値になることは間違いない。

トメさん亡き後、たった一人で伝えつづけてきた明久氏と初めてお会いした日、厳しい言葉をいくつも投げかけられたのを覚えている。

「君も単に知覧に来て涙を流しただけの人か？

それとも本当にしっかりと学び、人に伝えていく覚悟はあるのか？」

この言葉に即座に胸を張って「イエス」と答えることはできなかったが、思いを伝え、なんとか語り部の見習いとして指導していただけるようになった。それから10年、明久氏の後ろを、ずっとくっついて来た私でさえ知らなかった真実が、本書にはたくさん盛り込まれている。

いま、さらに10年の月日が流れた。明久氏は、あまりにも早く旅立たれ、もう、その背中を追うことはできない。けれども、そのあとを息子の鳥濱拳大《けんた》さんが継いでくれている。トメさんの思い、明久氏の言葉は、いまも受け継がれていることを、感謝と共に称えたい。

２０１５年に出版された本書『知覧いのちの物語』が、戦後80年の２０２５年、新装版として再出版されることになった。

この一冊で、あなたは「本当の愛とは何なのか」を知ることになる。そして、三つの思いに触れることになる。

まず一つが特攻隊員たちの思い。

そして鳥濱トメさんの思い。

三つ目が、その思いを未来に伝えるべくタスキを受け取り、いまも次世代を通じて走りつづけている鳥濱明久さんの思いだ。

この本を読み、真実を知っていただきたい。そして本書を持って知覧に行ってほしい。そしてあなた一人ではなく、あなたの大切な人に本書を紹介してほしい。


「なぜ生きるのか？　いかに生きるのか？」

ふだん言葉にすることは多くはないが、誰もが心の底に持っている、この深淵《しんえん》なテーマの答えを導いてくれる、それが本書である。

一人でも多くの人に読んでほしい、そして知ってほしいナンバーワンの本だ。

〈目　次〉

第2章　トメの生い立ち——貧しい生活の中で

第3章　知覧という場所——トメと富屋食堂

第4章　「特攻の母」――隊員とその遺族とのつながり

第7章 トメの晩年——時代が流れるなかで

第8章 いのちを語り継ぐ——使命を生きる覚悟

写真提供――ホタル館富屋食堂

知覧いのちの物語

――「特攻の母」と呼ばれた鳥濱トメの生涯

本書は二〇一五年四月刊『知覧いのちの物語』の新装版です

第1章

ホタル帰る

散りゆく命を見つめて

鳥濱トメと少年飛行兵たち

私の祖母・鳥濱トメは太平洋戦争（大東亜戦争）の初期、全国から集まってきた十代の少年たちの食事を管理する、知覧という九州・鹿児島県内の小さな町の、食堂のおかみでした。

現在でもこの知覧に来るには、鹿児島空港から高速道路に乗って二時間ほどかかるのですから、当時としては、地の果ての土地のような感覚だったと思います。

その遠隔《えんかく》の地で、最初は少年飛行兵の教育を受けるために、配属されてきたのです。故郷を遠く離れたこの見知らぬ土地で、つらく悲しい、そして想像を超えた厳しい訓練がつづきます。

みんなが汗と涙を流して訓練に励み、みんなが憧れていた全国の飛行学校へ、飛行兵として配置されていったのです。

大刀洗陸軍飛行学校　知覧教育隊

ところが思いもしない事態になったのでした。昭和二十年（1945）三月、彼らを待っていたのは特攻隊という、二度と生きて還《かえ》れぬ任務だったのです。

少しくわしく述べるなら、戦争はすでに末期になっており、米軍は沖縄列島に上陸しはじめていました。このままでは次に九州が上陸地点になります。それを何としても防ぐために、異常な任務が実行に移されたのでした。

重さ250キロの爆弾を装置した戦闘機で、敵の艦船《かんせん》に体当たりしてこれを沈める、という作戦でした。この出撃地として、九州のいくつかの基地が決められたのでしたが、知覧が本土最南端ということで、当時もっとも大切だったガソリンの消費量が少なくて済むということで、主力基地となったのです。

こうして、ここで飛行技術を学んだ少年たちが、再び知覧に戻ってきました。今度は特別攻撃隊員として、必ず死ぬとわかっている任務につくために――。

そして鳥濱トメは、彼らの世話をすることになったのでした。

特攻隊員たちが残した手紙

光山文博少尉はここの飛行学校の一期生でした。何年も祖母の富屋食堂に通ってくれました。そして明日出撃するという夜に、

「ぼくは朝鮮人なのです。だからおばさん、遺書は書きません」

トメに向かって、こういったのです。そして声を震《ふる》わせながら、

「最後に故郷の歌を歌わせてください。日本は負けます。しかしいまは、この国を守るた

光山文博少尉とトメ

めには、征《ゆ》くしかないのです。死んで皆さんを守ります」

こういって故郷の「アリラン」を、暗い食堂の中で歌ったのです。彼の母親は大阪大空襲で、すでに亡くなっていました。当時、朝鮮半島は日本と併合《へいごう》されていたため、青年たちは日本軍の戦闘要員になっていたのでした。

このため食堂内で、朝鮮の歌は歌ってはならないものでした。飛行帽を深くかぶり、歌っている光山少尉の姿は、一生忘れられないと、祖母のトメは、幼かった私に何度も何度も語りました。

食堂に集まってくる彼らのほとんどが

二十歳前後の若者で、なかには十七歳の少年たちもいました。トメは彼らの写真や手紙を密《ひそ》かに預かり、故郷の父母に、憲兵に見つからないように、そっと出してやっていました。

これはあまり知られていませんが、特攻隊員は手紙、つまり私信を書けません。書けるのは遺書でした。現在、多くの人々がよく見る写真や手紙は、実は、検閲《けんえつ》を通った遺影、遺書なのです。これは公開を前提としたものでした。

軍隊では、自分の気持ちを少しでも打ち明けた手紙は、絶対書けない。もし見つかれば本人にもトメにも厳罰が待っています。かりに、

「いま知覧にいます。ぼくはこの地から何月何日に出撃します」

といった内容の手紙を預かったことがわかれば、トメは絞首刑《こうしゅけい》です。それでもトメは、軍の秘密を洩《も》らすような内容でなければ、そっと食堂の隅で書かせてやり、本人が望めば、命がけで近くの郵便ポストから、それを出してやったのです。

私はこの一事だけでも、トメの孫に生まれたことを誇りとしています。

軍は特攻隊員を神にしたのです。神は泣きませんし、泣いてはならない存在です。笑っ

て死地に赴《おもむ》くことが必要でした。だから彼らの写真は笑顔が多いのです。

ある中年特攻隊員の覚悟

そんな中で、なぜかたったひとり、中年の隊員がいました。藤井一《はじめ》中尉、二十九歳がその人でした。

特攻隊員としては異例の高年齢でした。しかも、奥さんが生後間もなくの女の赤ちゃんを抱いた写真を、いつも肌身離さずもっていました。

特攻隊員は全員、独身だったはずです。それも二十歳前後の、青年というより少年といっていいような若い人たちです。それも一人っ子ではなく、兄弟がいる、父親もいるという家庭の子が選ばれていました。

実は藤井中尉は、少年たちを教えていた埼玉県の熊谷《くまがや》飛行学校の先生でした。彼は教え子だけを死地に征かせるわけにはいかない、と覚悟を決めていたのでしょう。

「中隊長もあとを追うぞ」

と、約束していたのでした。

この決意を知った奥さんには、

「もはやこの国は崩壊《ほうかい》する。そうなればお前たち三人を、俺は守ってやれないのだ」

といいきかせましたが、奥さんは泣いて、二人の娘のために生きてほしいと懇願《こんがん》したといいます。だが藤井中尉は、

「どうしても俺は教え子のために、沖縄の海へ行かなければならないのだ。わかってくれ」

と説いて聞かせたといいます。その固い決意に、夫人は十二月、三歳と生後四ヵ月の写真の赤ちゃんの、女の子二人を胸に抱きしめて、

「お先に行って待っております」

と、荒川の土手から身を投げたのでした。翌日、遺体となって川底から発見されましたが、藤井中尉は指先を切り裂き、血判《けっぱん》を捺《お》した志願書を提出しています。

異例中の異例で、操縦《そうじゅう》のできない飛行学校の先生が、教え子たちの特攻隊の隊長に任命されたのでした。

冷え十二月の風の吹き
荒ぶ日
荒川の河原の露と消ゆ
命・・母と共に
殉国の血に燃ゆる父の意志に添って一足先き
に父に殉じた哀れにも悲しい然も笑って
みる如く喜んで母と共に消え去る幼い命が
いとほしい
父も近く御あとを追って行ける事だ
ろう
嫌がらずに今度は父の膝の懐でだっこして
寝んねしようね
それまで泣かずに待ってゐて下さい
千恵子ちゃんが泣いたらよく御守しなさい
では暫く左様なら
父ちゃんは戦地で立派な手柄を立て、御土産
にして参ります
では
一子ちゃんも(三才)千恵子ちゃんも(一才四ヶ月)
それまで待ってて、頂戴、

藤井一中尉が
家族に書いた手紙

藤井中尉の妻と娘

藤井一中尉

中尉は地上で教えていた教官で、操縦できなかったのです。

妻と子の葬儀を終えたのち、この知覧に転属、最初で最後の特攻服姿の写真を遺しました。教え子たちには妻と子の死を隠し、

「いざこの国を守らん。若い命よ、すまん」

そういい残して、二人乗りの特攻機に乗って、教え子たちと共に出撃していったのです。

未明、沖縄洋上から、最後の電文が入りました。

「ワレ、トツニュウセリ（我、突入せり）」

藤井中尉は二度と還ってきませんでした。

ホタルになって帰ってくる

みんなに一人ひとりの故郷があり、愛する人がいました。みんなはそれを守るために死んでいったのですが、笑って征ったなど、とんでもありません。トメによると「震えておった」のです。

生きていたかったでしょう。なぜ俺が死ななければならないのかと、怒りもあったかもしれません。愛する人を守りたい一心で、若者たちは飛び立ったのです。死にたくなかったでしょう。

「ぼくは帰ってくるよ。小母《おば》ちゃんに会いに来ますよ。ホタルになって帰ってくるから、そのときは、宮川が戻ってきたんだと思って、追い払わないでくださいよ」

新潟県出身の宮川三郎軍曹は、こういい遺して出撃していきました。

震える声で残して行った遺品が残っています。

昭和二十年六月六日早朝の出撃でした。実は宮川さんは大正十五年（１９２６）六月五日の生まれで、丁度二十歳の誕生日を迎えたばかりでした。いまとは違い、数え年で祝っていたのです。その夜、本当に一匹のホタルが、食堂の裏手から飛んできて、隊員たちのいる食堂の中に舞い込み、柱の中ほどに止まったのです。

トメは思わず叫びました。

「みなさん、宮川さんが帰ってきましたよ。みんなで『同期の桜』を歌ってあげてください！」

この日が、日本での組織的な最後の特攻出撃となったのです。沖縄が米軍によって、ほぼ制圧されたからです。特攻隊は主として、航空母艦《こうくうぼかん》を狙《ねら》って攻撃してきましたが、すでに米軍主力は沖縄本島に上陸し、優勢に戦いを進めていたため、特攻の意義は、まったく失われてしまいました。

残された特攻隊員たちは、トメに、

「これからは本土です。鹿児島です。南九州です」

と、そっと教えてくれたそうです。

「逃げてください。生きてください」

彼らは「小母ちゃん、死んじゃダメだよ」と口々に叫んで、食堂に来なくなりました。任務が終わったのです。トメは知覧の町の人々と一緒に竹槍をもたされ、総特攻だと覚悟を決めました。四十三歳のときです。

宮川三郎軍曹

「軍国主義者」というレッテル

そんな中、広島と長崎に新型（原子）爆弾が落とされ、日本は無条件降伏《こうふく》したのでした。軍人、民間人を含めて、三百万人を超える尊い犠牲者を出しての敗戦でした。全特攻戦でも命を落とした人数は千人を超えていますが、そのうちの四百三十九名が知覧から出撃したといわれています。

ところが戦争が終わり、国の情勢や政治体制が変わっていくうちに、純粋な魂を汚《けが》すような声が次第に大きくなっていきました。

特攻として死んでいった人々が、次第に軍国主義の象徴とされてしまったのです。一つには、笑って出撃していった写真が多く残されているために、喜んで死んでいった軍国主義者、というイメージを与えてしまったのかもしれません。

しかしそれは前にも述べたように、軍がつくり上げたイメージであり、一人ひとりの兵士たちの思いとは、まったく異なっています。あくまでも特攻隊という存在は、軍の規制の中にあったのです。美化されすぎてもいけませんが、逆に貶《おとし》めすぎてもならないと思います。

祖母のトメは、戦争に負けてから十年間、軍と特攻隊に協力した軍国主義者、というレッテルを貼られ、白い目で見られてきた一面がありました。

わが祖母ながら驚くのは、「悪魔の特攻」といわれている中を、黙々と彼らの死を一人で毎日弔いつづけたことです。

祖母・鳥濱トメから託された思い

私とトメとは五十八歳違いです。六歳上の兄もいましたが、なぜかトメは幼い私を連れて歩いていました。トメの願いは、愛する人たちを残して死んでいった、多くの若者たちの菩提《ぼだい》を弔う場をつくることでした。

トメの願いは叶い、昭和三十年（1955）、特攻隊員として知覧から沖縄の海に飛んで行った人たちのための、観音堂《かんのんどう》が建立《こんりゅう》されました。

ここに至るまでの知覧の歴史と、特攻隊として散華《さんげ》していった方々の話を、私は孫の一人として、祖母から聞かされてきました。そしていま私は、この知覧の町に残る唯一人の孫となりました。

この祖母をもった孫として、私はトメが語ってくれた話を、伝えていかなければならない務《つと》めを負《お》っていると思っています。

祖母にいわれた通り、私の一生を通して語り継いでまいります。

日本は現在、かつてない平和な繁栄を遂げ、そしていまも私たちは、この世に生存しています。これも、あの人たちがいなければ、いまのこの国はなかった、と思うのです。

いわれた通り現在、孫は毎日語り継いでおります。そして縁あって、この本で初めて、鳥濱トメの波乱の一生を書いてみたいと思うのです。

第2章

トメの生い立ち

貧しい生活の中で

なぜ、知覧だったのか

終戦の年から今年（２０１５）で七十年がたちました。

これは大きな節目で、当時特攻隊員としてここ知覧で勤務していた方も、九十歳前後になっています。

知覧の悲劇的な証人として、その歴史を語れる人も、相当少なくなってきました。私はその歴史の語り部として、いまこそ多くの方々に、真実の特攻隊を知っていただき、命の大切さを受け止めていただきたいと思うのです。

知覧という土地は鹿児島県の南端の高地にあり、現在は知覧茶で有名です。

いまは廃線となり、バス運行に変わりましたが、戦時中は鹿児島から知覧まで、鉄道が走っていました。昭和四十年（１９６５）まで南薩《なんさつ》鉄道知覧線といって、主に物流路線だったのですが、戦時中は、陸軍の兵士や物資の輸送に一役買っていたのです。

この鉄道がなければ、知覧の航空基地はできていなかったと思います。

いまでこそ知覧の町は若い人たちが少なくなって、夜などはひっそりとしていますが、戦争中は陸軍の陸戦隊も駐屯《ちゆうとん》していて、非常に栄えていたと聞いています。この小さな町に、一時は何万人という若者が集結していたのです。

海軍は海に近い町に基地をつくりますが、陸軍は内陸につくることが多いといわれます。このとき、人と物資の輸送手段となる鉄道がある知覧や近くの川辺《かわなべ》に、多くの陸戦隊の兵士が集結していました。

この川辺町は平成十九年（2007）に、知覧町、頴娃《えい》町と合併して、現在の南九州市になっています。

話は飛びますが、この川辺に集結していた部隊の看護部隊として、戦争中、隣町の知覧高等女学校の女子生徒は動員されていたのです。これについては、くわしく書きますが、この時期、トメの次女・礼子は女学生として、特攻隊員の世話係をしていました。

知覧という町は四方を山に囲まれた高地にあります。ふつうに考えれば、飛行機が飛ぶには大変悪い場所です。また茶畑に適しているということは、霧が出やすく、これも視界が悪くなるので、操縦に適していません。

ところが特攻隊の基地としては、これらの悪条件がプラスに働いたのです。四方を山に囲まれているということは、米軍の攻撃を空から受けにくくします。

視界が悪いということは、爆撃しにくいということであって、虎の子の特攻機も上空から見えなくなります。さらに四方には松林が豊富にあるため、この林の中に飛行機を隠したのです。

また出撃という視点から見ると、ここには開聞岳《かいもんだけ》という、すばらしい円錐形の千メートル級の山が聳《そび》えています。薩摩富士という別名がある通り、特攻隊の兵士にとって、出撃時に目標としやすい山でした。

山麓《さんろく》の北東半分は陸地で、南西半分は海に面しています。つまりこの開聞岳の上空を通過すると、すぐ眼下に太平洋を見下ろすことになり、レーダーのない時代だけに、そこから一直線に沖縄に向かうことができたのです。

さらにここは下降してくるときに、乱気流に巻き込まれる危険な地域でした。私は戦後、「鳥濱トメの孫だから」というご厚意で、当時の警察予備隊（現在の自衛隊）に入った元特攻隊員の方に、何度も飛行機に乗せていただき、開聞岳まで飛んでいきましたが、知覧の上空に来ると、乱高下で大変でした。

これも米軍機にとって、知覧は攻撃しにくい地域だったことでしょう。

なおもう少しくわしくいうなら、この知覧の中でも米軍機が爆弾を落としやすく、機銃《きじゅう》

薩摩富士といわれる開聞岳

掃射《そうしゃ》しやすい区域と、落としにくく、掃射しにくい地域があったのです。飛行機を上昇させないと、山肌に激突する区域であれば、ほぼ安全だったといえます。

たまたま富屋食堂のあった区域は、この安全帯にあったので、米軍機が空襲してきても、外に出てそれを見物することができた、という古老《ころう》もいたほどです。

言葉を代えていうならば、富屋食堂の建てられた場所が、運命的だった、といえるかもしれません。トメ夫婦がのちに大きな商店街になった一番端に、食堂をつくったことが、トメの一生を大きく変えたのです。

トメの生まれた町・坊津

祖母の鳥濱トメは明治三十五年（1902）六月、鹿児島県の最南端の小さな漁港、坊津《ぼうのつ》町で生まれました。

昔、薩摩藩はここの漁港を利用して、海外と密貿易していたといわれています。幕府の密偵《みってい》がここまでは来られないという、山また山をぐるぐる歩きまわってこなければ到達しない土地でした。

いまでこそ知覧から車で四十分ほどで着きますが、私の子どもの頃でも、それこそ半日がかりでやっと着くという、大変な場所だったのです。

ここでトメは右田クミを母として生まれたのですが、非常に複雑な経過を辿《たど》っています。この母は夫と死別したあと、三児を実家に預けて、お邸奉公《やしきぼうこう》に出るのです。

貧しい漁港なので、魚は獲《と》れても、暮らしていけなかったのだと思います。少しでも子どもたちのためにお金が欲しいので、村の中にお邸をもつ有力者のところで奉公《ほうこう》したのだと思います。昔は住み込み奉公といって、女性はこういう形《かたち》の働き口しかありませんでした。

ここでその邸の主の子を宿して、クミは実家に戻され、そこで生まれたのがトメでした。ところがトメは男親の認知を得られず、実家の姓を名乗って「栗野トメ」となったのです。いわゆる私生児でした。

ふつうでしたら私生児であっても、男親が生活の面倒を見るのでしょうが、この男親は坊津からいなくなってしまったようです。この辺の話は百年以前も昔のことなので、はっきりしません。

トメも私たちに、くわしく話したくなかったのかと思います。というのもトメは、人の情けの温かさを知ったのは十八歳の頃で、それまでテレビの「おしん」ではありませんが、悲惨《ひさん》な生活を送ってきたようです。

小学校も坊津小学校で一年間学んだのですが、そのあと隣村の枕崎《まくらざき》に、子守り奉公に行っていました。隣村と言っても、何時間も山道を登っていかなければ着きません。子どもの足ですから日の出とともに家を出なければ、仕事にならなかったでしょう。

明治三十年代の小学校は、いまの六年制ではなく、四年制の時代でした。それを一年しか通えなかったのですから、トメがいかに辛酸《しんさん》をなめたか、孫の私でも涙が出てしまいます。

当時の日本はまだ国の力がありませんでしたし、その上トメが生まれて二年後には、日露戦争が起こりました。このときの連合艦隊《れんごうかんたい》司令長官が薩摩出身の東郷平八郎元帥《げんすい》です。恐らくこの時期以後、船を扱える港町の男たちは、海軍に相当行ったか、行かされたのではないでしょうか。

そうなると、どの家でも稼《かせ》ぎ手がいなくなるのですから、悲惨な暮らしに陥《おちい》ってしまいます。そこで「口減《べ》らし」のために、子どもが奉公に出されるのが当たり前の時代だったのでしょう。

人の情けを知った女中奉公

十五歳のときにトメは、この寒村から鹿児島市の警察署長の家に住み込みで、女中奉公に出ました。これも貧しい農村や漁村の娘としては、当然だったといわれます。古老の話では、村の娘たちが一斉に女中奉公に出たとか。

集団就職のような形だったのかもしれません。ただ一旦住み込むと実家に帰れるのは、盆と正月か、ひどい奉公先になると、藪《やぶ》入りといって盆の三日間しか、ひまをあたえなかったといわれます。

トメは器量がよかったので、警察署長という地位の家に奉公できたのかもしれませんが、ここがひどい家庭で、家族が西瓜《すいか》を食べているというのに、奉公人のトメには、一切れも食べさせないということもあったようです。

トメに与えられたお膳には、茶碗、汁椀に小皿一つが乗っかっているだけでした。この家には同じ年頃の娘がいたようで、トメにとってはつらい奉公だったと思います。

トメは小学校も満足に行けなかったので、字が書けませんでした。それで署長に叱られたか、娘からバカにされたのか、それとも坊津の母親に便りを出したかったのか、その辺のところは判然としませんが、捨てられた雑誌を拾い、そこに書かれている文字を覚えて、書く練習をしたのです。

のちに富屋食堂を開いたとき、特攻隊の若者たちが、故郷の父母に最後の手紙を書いて、トメに渡すようになりましたが、祖母はしっかりした文字で手紙を書き、一人ひとり家族に送っています。

この一部はホタル館に展示してありますが、孫の私が見ても、上手な字だと思います。昔の人は鉛筆もペンもない寺子屋で、毛筆で練習したといわれますが、祖母も似たような練習だったので、いまの私たちよりうまくなったのかもしれません。

三年間ここで奉公したあと、十八歳で、枕崎から十五キロ北にある加世田《かせだ》の竹屋旅館に移りました。坊津の娘たちは食べものの「口減らし」のため、もう一つは嫁入り資金を稼ぐために、こうして枕崎、鹿児島市、加世田の三カ所で女中奉公をしたようです。

女中奉公時代のトメ

行く先は裕福な家庭、商家や旅館などですが、きちっとした行儀作法を教えられて、幸せな結婚をするのが夢でした。

トメは警察署長宅では、酷《ひど》い仕打ちに耐えたのでしたが、次に移った竹田旅館では初めて働く楽しさを知ったようです。それというのも同じ女中といっても、個人宅では家族の召使《めしつか》いでしたが、旅館は女中という仕事であり、仲間が何人もいたからでしょう。

それにここの竹田旅館の女主人という人がとても優しく、トメは初めて人の情けを知ったといいます。

この時代は、十八歳くらいで嫁に行くのがふつうだったとか。

女主人はトメに、嫁に行くための知識を教えただけでなく、着物もつくってくれたようです。ほかの方々が書き残した本によると、トメはこの頃、目鼻立ちが整い、色白の肌が美しい娘だった、となっています。

それにお給金が余っても預金せずに、着物を買ったとも書かれています。これは後年、女性とは思えない大胆なお金の使い方をして、商売の利益を惜《お》しげもなく出していますが、すでにこの頃から、その片鱗《へんりん》が見えています。

ふつうなら、父親のいない生を享《う》けて、少女期にさんざん苦労をするのですから、いじけた性格、曲がった性格になって当たり前ですが、それが明るく伸び伸びとした女性に成人していったのですから、不思議というか、生来、大きな能力をもっていたとしか考えられません。

トメの夫・鳥濱義勇

トメに大きな転機がやってきました。この竹田旅館は加世田にありましたが、現在この加世田は南さつま市となっています。坊津町も合併されて、同じ市に入っていますが、坊津から見ると、はるかに大きな町でした。少し脱線すると、小泉純一郎元首相の父、小泉純也（元防衛庁長官）の出身地でもあります。

それだけに当時は南薩鉄道の本社が置かれており、大勢の社員がこの町にいたようです。その中の独身社員が、この竹田旅館の古い棟《むね》に住んでいました。一種の独身寮のようなもので、旅館の女中さんたちは、この社員たちの面倒も見ていたのでしょう。

この中に鳥濱義勇《よしとし》という、大隅《おおすみ》半島の志布志《しぶし》出身の青年がいました。志布志は江戸時代に「志布志千軒の町」といわれたほど栄えたところで、海外との貿易港でもあって、薩摩藩の武士が隠然《いんぜん》とした力をもっていました。

義勇はトメより五歳年上で明治三十年（1897）十二月一日の生まれです。鳥濱家はこの志布志の旧家で、第五十五代文徳《もんとく》天皇から姓を賜《たまわ》ったというのが、この義勇の父の自慢でした。

実際、鳥濱という姓は、全国的にもほとんどありません。もともと志布志は薩摩藩の名家老で、いまの鹿児島県人だったら誰でも知っているほどの調所広郷《ずしょひろさと》の直轄《ちょっかつ》地でした。薩摩藩は「山を以《もっ》て城となす」という考え方でしたが、志布志の鳥濱家はそんな土地のお殿様という感じだったかもしれません。

だからその頃の義勇は、非常におっとりとした真面目な青年だったと、いくつかの本にも記されています。この独身寮は自炊《じすい》でした。昔の旅籠《はたご》といわれる庶民の泊まる宿は、食事が出ないのがふつうでしたから、若い社員たちは会社から帰ってくると、七輪を庭にもち出して、夕食の支度《したく》をしたと思われます。

義勇はお殿様の息子ですから、何もできなかったのかもしれません。それをトメが見ていて歯がゆく思ったのか、生来の世話好きが出てきたのでしょう。こうして二人は互いに、好意を抱いたのです。

実際、トメにかぎらず、女性であれば、散らかしっぱなしの部屋に、万年床《まんねんどこ》の独身寮を見れば、誰しも片づけてやりたくなるのではないのでしょうか。そんな中で、美しく育ったトメが、テキパキと部屋を整理してくれるのです。

義勇は非常に真面目な性格で、休日だからといって、ほかの男たちのように、街に遊びに行くといったことはしませんでした。部屋の中で終日、資料を読んだり、勉強していたようです。

そんな姿を互いに見ていて、義勇はこの女性なら嫁にしたいと思い、トメもまた、二人の家庭をもつ夢を見たのではないかと思います。とはいえ、当時はまだ家柄が、何事も支配していた時代です。

義勇は鳥濱家の長男でした。旧薩摩士族であり、家柄としては志布志では上位だったはずです。それにこの頃の義勇は、南薩鉄道が経営していたバスの運転手でした。

この当時のバスの運転手は花形で高給だったので、いまのパイロット試験よりむずかしい試験に合格しなければなりません。彼は当初、銀行に勤めていたのですが、それを辞めてまで挑戦したのです。

南薩鉄道は、当時としては最新鋭《さいしんえい》の五台のバスを所有していましたが、義勇はみごとに、そのバスの運転手になったのです。

実は義勇としては、高収入を得なければならない理由がありました。鳥濱家はたしかに名門でしたが、小学校長だった父はすでに亡く、義勇の弟たちはまだ、学費が必要な年頃だったのです。

資産は旧家でしたからあったのでしょうが、すぐそれが現金に換わるわけではありません。義勇としては、そんな自分の立場を考えていたので、トメとの結婚には相当な決断が必要だったと思います。

それでもトメと一緒になりたい、と決意したのでしょう。トメもまた苦労を覚悟で、この愛を結実《けつじつ》させたいと思ったようです。

しかし義勇の母親は旧家の女としての気位が高く、強くこの結婚話に反対しました。恐らく義勇の収入が入らなくなる不安と、トメが私生児であることが気に入らなかったのでしょう。もしかすると、トメに鳥濱家の財産を取られるという疑念もあったのかもしれません。

義勇とトメの新婚の頃

トメと義勇、二人の生活

結局、二人は結婚の許しが出ないまま、加世田の隣町、知覧に新居を構えました。

義勇は武家屋敷のある知覧に、故郷の志布志の風景を重ねたようで、とても気に入っていたそうです。なにしろ志布志は、前にも書いたように、旧薩摩藩士の多いところで、西南戦争で没落していくわけです。

一方、知覧は薩摩藩の外城の一つとして、武家屋敷群がつくられています。なかでも武家屋敷通りと屋敷庭園群は、いまでも美しく整備されており、旅人たちの目を楽しませてくれます。

義勇にはその風景が故郷を遠く離れても、心を慰めてくれたのでしょう。義勇にとって、知覧は第二の故郷となっていったのです。

知覧という町は、薩摩半島のほぼ中心にあり、なぜかこの小さな町に、昔から役所が集まっていました。町役場、裁判所、警察署、それに税務署など、国や地方の役所もあったくらいです。

それもあって、南薩鉄道は知覧線という支線もつくっていたほどです。新しく所帯をもった義勇は、この知覧駅から汽車に乗って、本社のある加世田まで、毎日通うことになりま

着物のモデルをしていた頃のトメ

した。

ふつうの新婚家庭なら、楽しいところでしょうが、義勇は実家の長男であり、父のいない一家の面倒を見なければなりません。母から結婚の許しが出なくても、その義務は果たさなければならなかったようです。

そのためトメは行商を考えたのです。朝は夫の義勇と一緒に汽車に乗り、夫が加世田で降りたあと、枕崎まで行って魚の乾物やさつま揚げを仕入れ、それを籠《かご》に入れて担《かつ》ぎ、知覧まで売って歩いたといいます。

この稼ぎが新家庭の家計を支えたようです。それにしても、トメは幼い頃から一日として、ゆっくりした日がないほど、働きづめでした。いまであれば、夫に文句をいう女性が多いかもしれませんが、当時としては、それほど珍しいことではなかったかもしれません。

ただトメのすぐれていたところは、それらの苦労を、すべてプラスとした点です。魚を買い求めるにしても、季節や天候によって値段に差のあることを知ったでしょうし、知り合いやお得意さまがふえれば、おまけもつけたことでしょう。

人との日常の挨拶や、忍耐の仕方、詫《わ》びの言葉など、人情を知るよき機会になったのではないでしょうか？

これらの経験はすべて、のちの富屋食堂で生かされていくのです。わが祖母ながら、尊敬せざるを得ないほどの、すばらしい女性でした。なにしろこれが二十歳のトメの生活だったのです。

トメは生来色白でした。行商をして歩いていても肌は色白のままで、トメの器量は評判でした。その評判が高まって、以後の数年間は、着物のモデルや知覧傘提灯《ちょうちん》の広告のモデルに抜擢《ばってき》されたほどでした。

その広告写真は、すでにいろいろな本に掲載されているので、ごらんになった方もいることでしょう。

大正十五年は、十二月二十五日に幕を閉じました。大正天皇がこの日、四十七歳で崩御《ほうぎょ》されたのです。即日、昭和元年になりましたが、この大正十五年五月二十七日、私の母である美阿子《みあこ》が誕生しました。トメ、二十四歳のときでした。

ふつうであれば一児を産むと、器量が落ちるといわれますが、トメはそうではなかったようです。数年間は美人の評判が高く、それなりの仕事が舞い込んできたといいますから。

もしかすると、この頃が家庭的に一番心が安らぐ時期だったかもしれません。
夫・義勇の実家から感謝されるようになったのも、この時期だったかもしれません。

第3章

知覧という場所

トメと富屋食堂

「富屋食堂」の誕生

トメに第二の転機が訪れたのは、昭和四年（１９２９）、二十七歳のときでした。義勇は三十二歳。それまでの貯えを元手に、知覧の商店街の片隅に「富屋食堂」という店を開いたのでした。

うどん、そば、丼ものなど、当時の食堂ですから、なんでも出したようです。夏にはかき氷も営業して好評でした。

この知覧という土地は、どの家庭でも鶏を飼っていました。だから卵が豊富でした。また海から遠いので、川魚を大切にしていました。昔の川は水が美しく澄んでいたので、鯉が泳いでいるのが、よく見えました。うなぎも手で捕まえられたものです。

戦後の富屋食堂の名物はうな丼、それも豪華なもので、これが大変有名になったのですが、おそらく開店のときも丼ものからスタートしていますから、同じだったと思います。多分、玉子丼、親子丼、それからうな丼の三種類が名物で、繁昌《はんじょう》したような気がします。

開店して一年目に早くも、常時三人の使用人がいましたから、もう大成功といえるでしょう。ちなみに「富屋食堂」という名は「トメ」から取ったものです。昔はこれ以上、子どもはいらないという家庭では、末とかトメという名前をつけたものですが、トメも私生児

開店当時の富屋食堂

だったので、この名前をつけられたのでしょう。

トメはそんなこともあって、自分の名前が大嫌いでした。そこでふだんからトミと名乗っていました。

それで「トメ」を「トミ」「富」にすれば、客商売としてとてもいい名前になります。そんなところにも、祖母の決意が秘められていると、孫の私は感じてしまうのです。これはのちの話になりますが、特攻隊のご遺族に手紙を差し上げるときも、「鳥濱トミ」と書いていました。

知覧が特攻基地になった日

この翌年、昭和五年（1930）の二月に二人目の娘に恵まれます。二女の礼子ですが、私にとって叔母に当たります。この礼子は母トメの事蹟《じせき》を残すべきだと考え、平成十三年（2001）に『ホタル帰る――特攻隊員と母トメと娘礼子』という一冊を、石井宏さんの筆で出しています。

このとき私も叔母と一緒に協力したのですが、改めて祖母の存在の偉大さを感じたものでした。

ただ叔母の礼子が誕生して以後、ほぼ十年間は、祖母はいわばふつうの食堂の女主人でした。もちろん親切さ、人の好さ、気前のよさなど、評判が評判を呼んで繁昌しつづけたのですが、それは知覧という町の小さな話題に過ぎません。

祖母の抜きんでた才能が出てきたのは、昭和十四年（1939）十月、知覧に陸軍第六師団（熊本）の経理部長、石原大佐が突然、町役場にやってきて、知覧の西方、木佐貫原《きさぬきばる》に飛行場を造ると表明した以後でした。

この頃の日本は中国との戦争が三年目に入っており、急速に戦時色が濃くなっていました。それは日本の南の果ての知覧という小さな町でも、変わりありません。

すでに陸軍の力は強大になっており、飛行場を造りたいという計画は「造る」という命令であり、地主に反対は許さないという、きびしい、いや傲《おご》ったものでした。

こうして翌十五年十一月には、飛行場の地鎮祭《じちんさい》が行われたのです。陸軍からは、東洋一の規模を誇る福岡県の大刀洗《たちあらい》飛行場にある、飛行学校校長松岡少将が臨席し、知覧町にある川辺郡の各町村長ら多数が出席し、盛大な儀式となりました。

しかしこれでそれまで静かだった知覧とその周辺の町村は、いっぺんに変わってしまったのです。翌十六年（１９４１）になると、各町内の小学校、中学校の生徒が飛行場工事に駆《か》り出され、「お国のため」という名目で各集会場に合宿までさせられて、過度な労働奉仕に励んだのです。

地鎮祭が行われたのが十五年十一月十九日でしたが、翌十六年十二月十日には、福岡県雁ノ巣《がんのす》飛行場を飛び立った三機の陸軍機が、早くも知覧飛行場に着陸しました。周辺の人たちは日の丸の旗を振って大歓迎しました。

それというのもこの日の二日前の十二月八日、日本は真珠湾の奇襲攻撃によって、英米と開戦し、大勝利を収めていたからです。

このとき集まってきた人々は全員、この飛行場から南方や中国方面に颯爽《さっそう》と爆撃に行く光景を想像していたのではなかったでしょうか。

まさか特攻基地になるなんて、夢にも思わなかったでしょう。

特攻隊員たちとトメ

十二月二十四日、この知覧飛行場に「大刀洗陸軍飛行学校知覧分教所」が誕生しました。知覧は軍の町に大きく変わったのです。それまでなら町を歩いていても、全員が知り合いばかりだったものが、見知らぬ顔が続々と集まってきました。

工事担当の労働者や陸軍軍人、物資を輸送してくる関係者によって、奇妙な賑《にぎ》わいが町に溢《あふ》れていました。それだけではありません。この飛行学校で訓練を受ける若者たちも集まってきたのです。

正確にいうと、昭和十七年(1942)一月二十七日、練習機二十二機が配属になり、三十日には、最初の少年飛行兵(第十期生)約八十名が、南薩鉄道知覧駅に到着しました。このとき出迎えた大勢の地元民は、彼らがまだ顔に幼さをとどめている十六、七歳の少年だったことを知って、びっくりしたそうです。

軍の指定食堂となって

町で小さな食堂を経営していたトメの身の上が、大きく変わりました。このときトメは、四十歳になろうかという年齢でしたが、まず客層がまったく違ってきたのです。

それまでは町に役所がたくさんあったので、お客の多くは、それらの職員だったようです。

後年、金沢国税局長をつとめた伏見俊行さんは、旧制中学を終えると、知覧税務署に勤務しましたが、この頃富屋食堂に通っていた思い出を『それからの特攻の母』という本の中で書いています。

それによると、名物は親子丼であり、若い職員にはご飯もおかずも多目によそってくれた、となっています。ただしこの時期にはすでに食糧が欠乏していたようで「からいも（さつまいも）の中に、白米が少々見えるご飯に、味噌汁、つけもの、それに小さな焼き魚」が昼食の献立だった、となっています。

ところが飛行場建設のために大勢の技師や軍人が入ってくると、今度はそれらの人々で、狭い食堂は占領《せんりょう》されてしまいました。この時期、富屋食堂は軍の指定食堂になっています。軍の指定は命令です。断る権利はありません。指定食堂になったことが、トメの運命を決定づけた、といっていいかと思います。

これによって、その頃もう不足していたお米や肉、魚、調味料などが、軍からまわってくるようになったからです。というと、家族も白いご飯を食べているように思われますが、実はそう簡単ではありません。

毎月、基本的にこの食堂で兵隊たちが、どのくらい食べるかを計算されており、その分ます。

だけ配給になります。叔母の礼子は小学校五年くらいでしたが、毎日、白いご飯を見ていながら、食べられなかったといっています。その意味では、かえって残酷だったともいえます。

指定食堂になったことで、やがて少年飛行兵たちがやってくるようになりました。まだ十代の少年たちは猛訓練を受けたあと、束《つか》の間の休息をとるために、富屋にやってくるようになったのです。

もともと知覧という町は茶の産地であり、農家の多かった土地です。それだけに娯楽施設など、ほとんどありません。そこで憩《いこ》いの場として少年たちは、富屋を見つけたのでしょうが、もう一つ重要なことは、彼らはまだ母親に甘える年齢だったことです。

トメの親切さ、明るさ、気っぷのよさ、面倒見のよさに、少年たちは自分の母親以上に甘えることができたと思うのです。それについては、これから具体的に語っていきたいと思うのですが、私としては、のちに特攻隊員として還らざる人となった彼らに、少しでも明るい灯を心に点《とも》したトメに、大きな誇りをもっています。

いま富屋食堂の前に立つと、道は左右に伸びて、大型車でも往き来ができます。右手には麓川《ふもとがわ》に架《か》かる永久橋がありますが、かつてはこの道は、自動車が一台通れるほどの狭さでした。むしろ町並みは直角に広がり、その道は知覧城址《し》へとつながっていました。

その先に飛行訓練生のための寮が並んでおり、訓練が終わった少年たちは、ここで泥のように眠りこけていたのです。元気な者は、そこから富屋まで一散《いっさん》に駆けてくるのですが、この距離は結構ありました。

トメの思い出によりますと、少年たちは最初のうち「小母さん」と呼び、次第に「おかあさん」と呼び方が変わりました。しかしトメにとっては、どの少年も「わが子」でしたし、全員の「おかあさん」でもあったでしょう。

トメにとって、この昭和十七年三月に開校した飛行学校の少年飛行兵たちが、卒業後、再び知覧に帰ってくることはなく、楽しい思い出を残したままでいてくれたら、どんなにしあわせだったでしょう。

続々と知覧に集結する若者たち

この知覧分教所は大刀洗陸軍飛行学校の分校だったので、第十期生から始まっていました。第十五期少年飛行兵を送り出したところで、第一期、第二期特別操縦見習士官を受け入れ、その後は南方に航空機を輸送する前線基地になっています。

卒業生は元気よく全国の航空隊に分散、赴任《ふにん》していったのです。しかし戦局は昭和十七年の五月から大きく変わっていきました。

緒戦こそ華々しい戦果を挙げていましたが、開戦から半年後の六月には、山本五十六《いそろく》司令長官の率《ひき》いる連合艦隊は、ミッドウェー海戦で大敗を喫《きっ》したのです。このことは国民には知らされていませんでした。

昭和十八年十月二十一日は日本の若者たちにとって、忘れられない一日になりました。この日、学生・生徒の徴兵猶予《ちょうへいゆうよ》特権が、全面的に停止されたのです。これに伴い、七十七校、三万人の学生が学徒出陣となりました。東京の明治神宮外苑で行われた壮行会は、熱狂的なアナウンスのラジオで実況中継され、ニュース映画になったほどです。

このニュースは一見すると、知覧となんの関係もないように見えましたが、現実は違いました。それまでは少年航空兵が現役下士官になるために、知覧の飛行学校に入ってきたのです。

当初、操縦生徒は十七歳以上十九歳未満、技術生徒は十五歳以上十八歳未満が応募資格になっており、修学期間は操縦生徒がおよそ二年、技術生徒はおよそ三年と決められていました。

ところが、戦争の拡大により、この制度はどんどん変わっていき、修学年月も短くなっていきました。知覧にやってきた少年飛行兵が幼く見えたのも、そういう事情があったのでしょう。

そこに今度は現役大学生の志願兵が知覧にやってきたのです。彼らは特別操縦見習士官として入校してきたのですが、きびしい訓練は年下の少年飛行兵と、まったく変わりません。

『群青《ぐんじょう》』は知覧高女なでしこ会が編さんした冊子ですが、この中には大勢の特別攻撃隊員の遺書や手紙が集められています。

この編集代表には、叔母の赤羽礼子が同級生の永崎（当時は前田）笙子さんと一緒に並んでいますが、この中には「中央大学　特操一期」「小樽高商　特操二期」といった肩書きがついています。これは学徒出陣の方々であり、第一期特別操縦見習士官、第二期特別操縦見習士官の略称です。

すでに将校であり、年齢も二十歳を超えています。

これに対し「群馬県　少飛十期」「大分県　少飛十二期」となっている方々は、十代で戦死した少年飛行兵です。

知覧には多くの特別攻撃隊の方々の遺書、遺品が残っています。

現在、私が館長をつとめている「ホタル館富屋食堂」にもたくさんの遺品が展示されていますが、こういった略称を知って見ていただくと、かつての状況がより正確に理解できると思います。

もちろん一人ひとりが、それぞれの思いや決意を胸に、知覧にやってきたわけですが、少年飛行兵は自分の意思で、飛行学校の門を叩いた人たちがほとんどです。

昭和十年代の全国の少年たちの飛行機熱はいまでは考えられないほどでした。当初は少年飛行兵と称されましたが、操縦生徒が定員の48倍、技術生徒は64倍という難関であったことでもわかるでしょう。

これに対し大学生から志願して特操になった人たちの思いは、一人ひとり大きく異なっていました。「日本を滅ぼされてはならない」と純粋に考えた人もいましたし、「日本は滅びる」ことを覚悟して、死地に向かった人たちもいます。

トメのすごさは、これら一人ひとりの考えを受け入れて、優しく接してあげた点でしょう。

上原良司少尉は慶應義塾大学経済学部出身の、特別操縦見習士官の二期生でした。彼は日本は滅びると信じて、飛行兵を志願してきました。

「小母さん、日本は負けるよ」

と、食堂に来るたびに、トメに小声でいっていました。経済学から見れば、明らかに日本は不利です。彼には日本の経済的な破綻《はたん》が見えていたのでしょう。

上原良司少尉

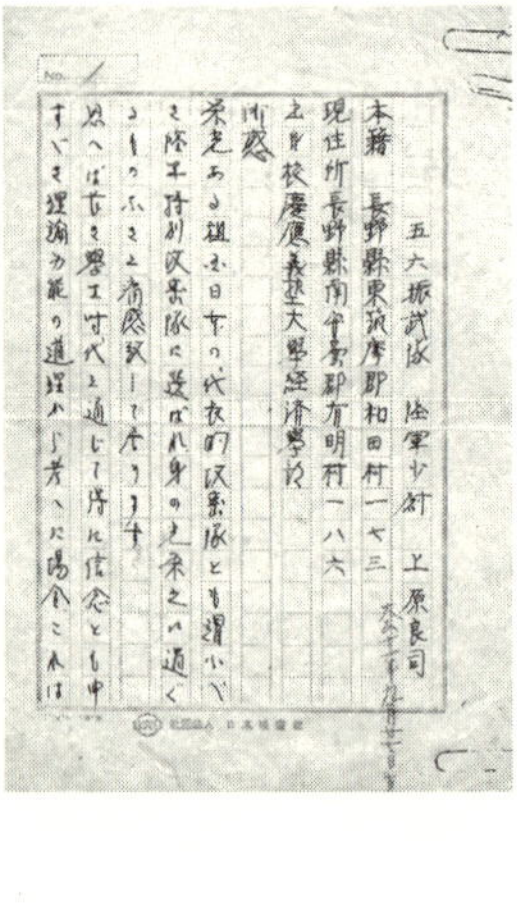

No. 1

五六振武隊　陸軍少尉　上原良司

本籍　長野縣東筑摩郡和田村一七三

現住所　長野縣南安曇郡有明村一八六

出身校　慶應義塾大學經濟學部

所感

栄光ある祖国日本の代表的攻撃隊とも謂ふべき陸軍特別攻撃隊に選ばれ身の光栄之に過ぐるものなきと痛感致して居ります

思へば長き學生時代を通じて得た信念とも申すべき理論万能の道理から考へた場合これは

上原少尉の手紙

トメはこの上原少尉に、

「そんなことをいってはいけない。ここには憲兵もいるんだから、気をつけなさいよ」

と、優しく、しかしきびしく注意を与えていました。

この時期は「神州不滅《しんしゅうふめつ》」という標語が合言葉になっていました。

神の国である日本国が、米英ごときに負けるわけがない、というのが、一般の人々の信念であり、憲兵は、少しでもその信念に疑念を抱く兵士には、たとえ特攻隊員であろうとも、容赦しませんでした。

少年たちの、トメへの思い

トメは憲兵の恐ろしさをよく知っていました。彼女自身、憲兵によって一回、警察の留置場に入れられた経験があったからです。嫌疑《けんぎ》は「時間外営業」でした。

戦時下の知覧では、夜九時以降の営業は禁じられていました。一つには突然の空襲があった場合、灯火の漏れる危険性を考えてのことでしょうが、もう一つは「贅沢《ぜいたく》は敵だ」の標語通り、飲食を贅沢と見る風潮が強かったからです。

　特にトメについては、早くから憲兵たちは、身辺を調査していました。飛行兵たちが大勢集まっては、夜遅くまで食事をしていたからです。

　これについては、ほかの同業者からの密告があったという説も流れましたが、それほど富屋食堂は流行っている、と思われていたのでしょう。

　すべてはトメの献身的な人となりが、若い兵士たちを呼び寄せていたのですが、周囲はそうは思いません。トメの言動には危険人物の匂いがする上に、富屋食堂は軍の指定業者の地位を利用して、闇の米や焼酎などを仕入れて提供している、と見られていたのです。

　このトメ逮捕事件はその日のうちに、たちまち特攻隊員の間に広がり、代表者が警察に駆けつけるという騒ぎになりました。

「俺たちは、朝になったらどうせ死ぬ身なのだ。釈放しなければ、実力で奪い返す」

　と、特攻兵代表の三人が憲兵に通告したことで、トメはその明け方に釈放になったのです。

トメは激しく体を痛めつけられていました。憲兵は女子どもであろうとも、非人間的な仕打ちを平気でする存在です。当然、兵士を逮捕拷問《ごうもん》する権限をもっていましたが、さすがに明日、特攻機で死んでいく兵士を相手にはできなかったのでしょう。

その夜、飛行兵士たちは密かに富屋食堂に集まり、トメを案じてくれていたのです。

トメとしては、たしかに夜遅くまで兵士たちに飲食をふるまっていましたが、それは営業としてやっているのではない。その証拠に金銭は一銭ももらっていない、といったようです。

また深夜まで営業しているといわれても、部屋で寝込んだ隊員たちを、起こすのは可哀想で、ただそれだけのことだといい張ったそうですが、憲兵たちは、そのいい方に逆上してトメの体を痛めつけた、といわれます。

泣く子も黙る、大の男でも小便をチビるという憲兵に対し、これだけいえただけでも、トメの勇気と胆力《たんりょく》に驚かざるをえません。

それはまさに一人ひとりをわが子としているからこそ、できたことだと思います。腹を痛めた母の強さではないでしょうか。

そういえば以前にも似たような事件が起こったことがあります。それは昭和十七年のことでした。トメが盲腸になって、加世田の病院に緊急入院したのです。盲腸は気づくのが遅れると腹膜炎《ふくまくえん》を併発し、死に至ることのある、当時としては怖い病気でした。トメはその腹膜炎になっており、すでに化膿《かのう》がひどく、一旦は医師から死を宣告されたほどの状態でした。

この頃はまだ学生から特操になった年輩者はいません。全員が十代の少年たちです。彼らは休日になると、代わる代わる病院に見舞いに駆けつけてくれたのですが、トメは一時重体に陥ってしまいました。

いまと違って鉄道も本数が少なく、道路も完備していない時代でしたから、知覧から加世田は遠い。それに厳しい軍の規律の中で、休日以外に外出許可が下りるはずがありません。

少年たちは考えたのでしょう。このとき少年たちは母を見舞うために、驚くような方法を編み出したのです。それは飛行練習中に、病院の真上まで飛んで行き、病院の上を旋回しようというものでした。

病院には患者さんだけでなく、医師や看護婦さんも大勢います。初めは飛行機が練習していると軽く思っていましたが、何機も何機も繰り返し旋回しているのです。

これで看護婦さんたちはトメに、

「みんなが飛行機で見舞いに来てくれていますよ」

盲腸で入院したトメ

と教えたそうですが、トメとしてはすでに気がついており、むしろ他の患者の迷惑にならないか、小さくなっていたそうです。

あとから考えると、これは重営倉《じゅうえいそう》ものの危険な方法です。重営倉とは旧陸軍の刑罰のひとつで、麦飯と水、おかずはなく固形塩しか与えられず、寝具も与えられないという重罰です。兵器を私的に扱った場合には、これくらいきびしい処分が待っていましたが、少年たちは自分のことより、トメの体のことが心配だったのでしょう。

少年たちのこの祈りが通じたのでしょう、トメは間もなく奇跡的に回復しました。トメには少年たちの優しい心根が、涙の出るほどうれしかったでしょう。だがそれより、

「そんな危険なことをしてはあかんよ」

と少年たちを心配し、たしなめるほうが先に立ったのではないでしょうか。

家族の支えと富屋食堂

トメのことばかり書いてきましたが、トメがこれだけお国のために死んでいく若者のために尽せたのは、家族全員の協力があったからなのです。

祖父の義勇は非常に器の大きな人でした。当時の花形職業であったバス運転手になったあと、次第に南薩鉄道の中で重きをなして、最後にはバス事業部の役員になりました。

トメの娘、美阿子と礼子

トメが富屋食堂を開くに当たって、貯金をはたいて店舗を買ったのも、この当時としては珍しいことだったと思います。というのは、どの家庭も代々続いてきた仕事、職業を継ぐのが当たり前であり、夫がバス運転手になったのですから、妻として子をなして、家庭を守るというのが、明治期の女の務めだったでしょう。

ところが義勇には、実家を守らなければならない長男としての義務があり、また月給の多くをそちらに渡す関係上、トメも働かなくてはならなかったのです。

祖父のすばらしいところは、富屋食堂の表には出なかったことです。常に裏側にまわって、トメの自由にさせていました。ふつうの男であれば、あれこれ指図したり、利益が少ない、もっと客商売を徹底しろ、など陰で文句をいうのではないでしょうか。

富屋食堂なり、鳥濱トメを描いた映画や本を見ても、鳥濱義勇の存在に気のついた人はいなかったと思います。なかには、トメに夫はいない、と思っていた人も多いのです。それほど裏方にまわっていた。といって、自分のバス事業のことだけに専念していたわけではありません。

田舎の食堂ですから、ドアがピシッと閉まっているわけではないのです。富屋の部屋は唐紙《からかみ》や障子で仕切られていました。歌ったり騒いだりする声も、義勇のいる部屋に毎晩聞こえていたでしょう。それでも朝になると、自分で車を運転して、加世田まで出勤していたのです。

私の母、美阿子は大正十五年（昭和元年）生まれですから、丁度、少年飛行兵たちと同じ年頃でした。祖母のトメを助けて、食堂で働いていました。私がいうのはなんですが、裏の川で獲れたうなぎを捌《さば》く手際は、絶品でした。

知覧高女の「なでしこ隊」

叔母の礼子は私の母より四歳年下で、隣町にある知覧高女に通っていました。礼子はそういう運命に巡り合わせたというのでしょうか、昭和二十年三月から始まった「特攻出撃」の時期に、三年生として見送る立場に立っています。

これを読む人の多くは、高校三年生といえば最上級生だから、見送る立場になって当然、

特攻隊員と知覧高女、なでしこ隊

と思うかもしれません。だが戦前、戦中の高等女学校は五年制でした。四年、五年生と上級生がいるにもかかわらず、三年生の彼女たちが選ばれたのです。

ここで礼子が、高等女学校三年生のとき書いた作文を載せてみましょう。

この時期は軍の行動に関して見たり聞いたり、知った内容は、親子であろうとも話してはいけない。話したことがわかったら厳罰ということで、礼子は家に帰ってきてから、夜間そっと書いたもの、といわれています。礼子は同級生の中でもリーダー的存在でした。

戦後、この経験を記録しておこうとい

うことで、永崎（旧姓前田）笙子《しょうこ》さんと二人が編さんしたのが『群青』です。「知覧高女なでしこ会編」となっているのは、知覧高女の校章がなでしこだからです。

知覧高等女学校三年　一五歳　鳥浜礼子　戦隊担当

感想

昭和二十年三月二十七日

今日は朝から霜出迄車をはこび、いもとりに行く日であった。自分は作業服を着けて行かんばかりであった。そこへ学校からの電話があり、制服を着て学校へ来いとの電話であった。

前田さん（注・前田笙子）も家へ来てゐた。先生が名前を言った人達だけ二十名位、学校へ集まってゐた。先生のお話で「特攻隊へ慰問」へ行くのであった。自分達は今日一日かと思い行ったのである。自動車が来るはづのが今日は出られぬとの事である。役場の山口（知覧町役場学務課長）さんを先頭に先生、生徒。

その頃は海軍の特攻隊がよく新聞には出てゐたが自分達は特攻隊といっても見たこ

ともなかった。新聞にもくはしく出て居たが、まさか体と一緒に死にゝ行くのではないだらうと思った。行ってみると事実である。同じ人でありながら愛機と共に体当りするのであった。飛行場だらうと思って居たがさうではなかった。飛行場のまはりを通っていくのである。「まさか、先生達が飛行場へ行く道をまちがへて居るのではないだらうか」と思ふ様な道を歩かされた。今迄飛行場へ行くのは禁止されていたので約一年位来て見て居なかった。飛行場がとても広く、又新しい道路が山の方へ多く出来て居た。

練習機と違ふ一人乗りの小さな古びた飛行機が山の方に何機と居た。その飛行機には、米機が見てもわからぬ様に擬装してある。あちらでもこちらでも装備兵が走りまはり特攻機を整備して居る。

何処の飛行場から来たのであらうか、何十機といふ飛行機が着陸して居る。自分達はその中を兵舎へ兵舎へと向かって居る。もう二十七日の頃は警戒警報は毎日出て居たのである。自分達が飛行場を通り終はらうとする時に、知覧のサイレンがなりだした。しばらくして飛行場の鐘が警戒警報を知らせた。

（旧仮名・原文のママ）

いまでいえば中学三年生の作文ですが、甥《おい》の私から見てもすばらしい描写だと思います。また別の視点でいえば、たしかにこの文章が憲兵の目に止まったら、没収、査問《さもん》を受ける危険性もあります。

鳥濱の家族は、学生の礼子まで含めて、全員でトメの仕事を脇から支えていたといえるかもしれません。

ここで特攻隊の話が出てしまいましたが、なぜ特攻隊の世話に三年生が選ばれたかというと、四年、五年生では、隊員と恋愛関係になることを恐れたからです。万一愛し合って、隊員が兵舎から逃亡するようなことがあれば、特攻隊の名に傷がつく上に、他の特攻基地にも影響を及ぼしかねなかったからです。

その点、二年生ではまだ幼なすぎて、隊員の世話はできにくく、十四、五歳の三年生が最適として選ばれたようです。

知覧特攻隊の出撃開始

昭和十九年（１９４４）秋、フィリピン中央部にあるレイテ島で、日本軍と米軍は総力を挙げて決戦を挑みました。その結果一万三千人といわれる日本軍の90パーセント以上が戦死したという、悲劇の戦いでした。

このとき、厖大《ぼうだい》な米軍の補給路を断とうと、日本海軍は二人乗り戦闘機や爆撃機に２５０キロ、あるいは５００キロ爆弾を取り付けて、飛行機もろとも航空母艦や巡洋艦《じゅんようかん》に体当たりするという作戦を考え、実行したのです。

いわゆる神風《かみかぜ》特攻隊ですが、本居宣長《もとおりのりなが》の「敷島《しきしま》の大和心を人問わば朝日に匂ふ山桜花」という和歌からとった敷島隊、大和隊、朝日隊、山桜隊の四隊に分かれていました。

このとき陸軍は密かに、一人乗り戦闘機で特攻隊を編成できないかと、計画に乗り出したといわれています。

このニュースは、新聞もラジオも大きく取り上げたため、知覧の人々も知っていましたし、寄るとさわると、この話で持ち切りになったそうですが、陸軍は巧妙に計画を伏せていました。

高木俊朗さんの『特攻基地知覧』によりますと、

「昭和二十年二月一日の朝であった。河崎伍長が内務班長の部屋に行くと、いつもと違ったけはいが感じられた。班長は『うちからも特攻隊が出るらしいぞ』と、暗い表情を見せた」

となっています。

知覧から初めて特攻隊が飛び立ったのは、三月三十日です。それまで知覧が特攻隊の出撃基地になるという話は、軍により巧みに隠されていたため、町の人は何も知りませんでした。軍の指定食堂である富屋でも知らなかったのです。

二月一日に知覧の兵舎で飛行兵が異常を嗅《か》ぎ取り、決行は三月三十日です。わずか二カ月の間に特攻隊が編成され、実行に移されたということです。これでは知覧の人々が気がつかなくても当然です。

礼子は「感想」に書いてはいませんが、この日飛行場で軍の将校に迎えられ、訓示を受けています。

「……きょうから皆さんにしばらくここで働いてもらう。実は知覧は特攻隊の基地になったのだ。特攻隊については、すでに皆さんも聞いていることと思うが、爆弾を積んだ飛行機もろとも敵の軍艦に体当たりをして、これを撃沈しようという兵士たちの部隊である。であるからして、特攻隊員たちは軍神として崇《あが》められ、戦死ののちは二階級特進の栄誉を受け、遺族とともに、国民から厳粛な感謝の心とともに永久に称《たた》えられる方たちなのである」

ただこのあと、こうもいわれています。

「今日からすぐに基地で特攻隊員らの身のまわりの世話、洗濯、食事の運搬などをしてもらうが、知覧が特攻基地であることを、たとえどんなことがあっても口外してはならぬ。家族の者にも一言も漏らしてはならない。

もし万一、基地の中のことを他人に語ったことがわかれば、ただちに憲兵隊がスパイ容疑で逮捕するからそのつもりでいてもらいたい」

まだ十四、五歳の女学生たちには恐ろしすぎる訓示です。礼子は父母にもいわなかったの

知覧から飛び立つ特攻機

でしょうか？　多分礼子にかぎらず、他の生徒も家に帰って無口になり、深夜に至って父母に話したのではありますまいか？

ここで礼子の感想に「戦隊担当」となっていますが、戦隊担当とはどういうものでしょうか？

リーダーの前田笙子さんも「特攻日記」という毎日の日記を残しています。こちらは「特別攻撃隊担当」と記されています。これも秘密に書いたことがわかるのは、比較的短く、感傷的な言葉は一切使っていません。

「特別攻撃隊担当」は、文字通りこれか

ら出撃する隊員のお世話係です。これに対し「戦隊」とは、特攻隊の隊員より古手で、特攻機の編隊を誘導、援護したり、戦果の確認に当たる「戦闘機部隊」を指します。

これでわかることは、前田笙子さんは特攻隊担当のリーダーであり、鳥濱礼子は戦隊担当のリーダーだったのです。

前田笙子さんの日記から最初の「三月二十七日」と、初の特攻隊が出撃した「三月三十日」を抜き出してみます。

特攻日記

知覧高等女学校三年　一五歳　前田笙子　特別攻撃隊担当

昭和二十年三月二十七日
作業準備をして学校へ行く。先生より突然特別攻撃隊の給仕に行きますとのこと。びっくりして制服にきかへ兵舎まで歩いて行く。はじめて三角兵舎にきてどこもここも珍しいものばかり、今日一日特攻隊の方々のお部屋の作り方。こんなせま苦しい所で生活なさるのだと思ったとき私達はぷくぷくした布団に休むのが恥づかしい位だった。わら布団に毛布だけ、そして狭い所に再びかへらぬお兄様方が明日の出撃の日を待って休まれるのだと思ふと感激で一杯だった。五時半かへる。

三月三十日

今日は出発なさるとのこと。朝早く神社の桜花をいたゞいて最後のお別れとして私達のマスコット人形を差上げる。無邪気に喜ばれる。貨物（トラック）で飛行機のところまで行って食糧等を詰込んであげる。皆ほがらかに「元気で長生きするんだよ」言はれて愛機に飛び乗られる。愛機には、さまざまなマスコット人形が今日の出撃をものがたるやうに風にゆられてゐる。出発なさったが天気の都合でかへられる。大変残念がっていらっしゃった。

実に簡潔で、感情を一切出していません。前田笙子さんはしっかりした方なので、注意深く書いたのでしょう。ところが次第に日記は長くなり、四月も半ばになると、相当くわしく記されています。

だが四月十八日で、突然、日記は終わっています。

なでしこ隊に負わされた任務

「今当分特攻隊の方々がいらっしゃらぬから明日から休みとのこと」

これだけを読むと、一時的に特攻攻撃が中断したかのようですが、そうではありません。実際は米軍の知覧爆撃が激しくなり、なでしこ隊に危険だ、ということになり、中止となったのです。特攻攻撃は依然としてつづいていました。知覧から最後の組織的な出撃は六月十一日で終わりました。三月二十六日から始まった沖縄戦が、六月二十三日をもって終わったからです。

ここで当時のことを深く考えてみると、いくつか疑問点が浮かんできます。

このなでしこ隊のつくられ方は、非常に突発的です。いかにも急ごしらえであり、生徒の親にも相談されていません。それどころか、肉親にもしゃべってはいけないというのです。

桜の花を振って特攻隊を見送る、なでしこ隊

しゃべってはいけないと釘《くぎ》を刺しながら、特攻隊が出撃する日には、町の人たちが大勢見送っているのです。そこに彼女たちは、軍用トラックに特攻隊員と同乗してやってきています。

さらに桜の花を渡したり、その模様を新聞の写真班にも撮らせているのです。

これは海軍が神風特攻隊で、国民の絶賛と興奮を巻き起こしたのに対し、陸軍でも最初の特攻隊を宣伝する必要があったからではないのか？

実際、礼子たちが桜の枝を打ちふる姿は、新聞に載って感動を与えたのです。

もう一つ、このなでしこ隊は突然、四月

十八日で中止となっていますが、これも宣伝が必要なくなり、それ以上に秘密が漏れるのを恐れたからではないでしょうか？

その一つの証拠に、彼女たちはすぐ、今度は陸戦隊看護隊になっているのです。

本当に三角兵舎で人手が必要なら、特攻攻撃の終わる六月半ばまでつづけていいはずだったのです。

第4章

「特攻の母」

隊員とその遺族とのつながり

少年兵士たちの過酷な日常

トメが現在まで「特攻の母」と呼ばれてきたのは、極論すると昭和二十年春、つまり特攻隊が知覧にできてからだと思います。

それまでのトメは、少年飛行兵として、あるいは特別操縦見習士官として、この知覧で学んでいる方たちのお世話をしている食堂のおばさんにすぎませんでした。

お世話する方は何人もいましたし、何軒もありました。たとえば富屋食堂の斜め前にあった内村旅館もそうでした。永久旅館も本当によくお世話していたのです。いずれも軍の指定旅館でした。

当時は麓川にかかる永久橋が知覧の町の象徴でしたが、その近くにあるこの三軒は、これらの兵士やその家族などで、常ににぎやかでした。

ただトメのいる富屋は、たしかにトメの人並みはずれた親切さで、少年たちの人気の的《まと》でした。といっても飛行学校は、一週間のうち休日は一日だけです。つまり休日にこそ少年たちで賑わいますが、それ以外の日は静かだったようです。

親しくなった少年たちにはそれぞれ一年、二年で卒業があり、知覧から去っていきます。トメはそれを当然だと思っていました。

あどけない少年兵たち

だからこそ、よけいに食堂にいる間は、ゆっくりさせてやりたかったのでしょう。教官の中には、人間といえない凶暴な男もいました。

片目が潰《つぶ》れて食堂に来る少年、唇がはれ上がって、食べたくても食べられない少年、腰を強打されて、這《は》うようにやってくる少年、前歯が折れて顔が変わってしまった少年、紫色にはれた頬で、誰か見分けがつかなくなった少年……。

新しく飛行学校に入ってきた生徒のほとんどは、強烈なしごきを受けます。強烈な鉄拳を見舞われるのですが、それを旧陸軍では「輝く伝統」といっていました。しかし中には鉄拳どころか、半長靴の金具の部分で、正座した顔を蹴ったり、踏みつける下士官もいたのです。

これによって飛行兵として大事な、耳の鼓膜を破られた少年たちもいました。

学徒出陣組はもっと悲惨でした。知覧には特操としてやってきたのですが、古参の下士官たちは、この新米組に最初から憎しみを抱いています。当時、大学に行ける階層といえば、金持ちやなんらかのエリートに違いないからです。

下士官の教官は全員叩き上げであり、下層階級の出でした。それだけに、いじめは陰湿であり、吐き気さえもよおすほどでした。

一見して考えると、新米とはいえ、一、二年後には自分たちより階級が上になるのですから、そんなに横暴な制裁はできないように思えますが、そうではありません。卒業したら、必ず知覧から去っていくからです。だから、安心していじめられたのです。

しかし、ある日からこれが大きく変わりました。

――二度と帰れぬ旅を前に

戦争も末期に入った昭和二十年三月――

「小母さん　ただいま」

懐かしい顔が富屋食堂に帰ってきたのです。

「お帰り」

トメはたくましい若者になって戻ってきた少年たちを、大喜びで迎えました。この頃になると飛行学校はすでにその役目を終えて閉校になっており、見知らぬ軍人や労働者が大量に入り込んできていたからです。

それらの人々も本当の目的を知らされることなく、米軍の空襲によって破壊された飛行場の滑走路整備や、新しい建物、三角兵舎、飛行機を一機一機隠す、掩体壕《えんたいごう》などの造成に励んでいました。

叔母の礼子は小さい頃から飛行場のことはよく知っており、知覧に住む子どもなら、遊び場にもしていただけに、飛行場の景色はよく覚えていました。それがほぼ一年ぶりに三月二十七日にその場に行くと「飛行場がとても広く、又新しい道路が山の方へ多く出来て居た」と書いています。

一つには南方方面への援護出撃基地にするために、拡大していたといわれていますが、途中から特攻基地化していったものと思われます。

特攻出撃をするといっても、乗り越えなければならない難問が数限りなくあります。一式戦闘機「隼」に250キロ爆弾を装着させるだけでも、多くの日にちがかかりました。小型戦闘機にそれだけの重量を加えたら、速度が出なくなり、敵機の餌食になってしまうからです。結局最後には、無電器も外し、機関銃までやめてしまいました。もちろんレーダーなど最初からありません。敵機に追いかけられたら、逃げるしかないのです。昭和十九年十一月頃に、知覧を特攻基地にするという極秘決定があった、と書かれている資料もあります。

トメは当初、そんなことを知っているわけがありません。本当に単純に喜んでいます。しかしすぐ真相を知ったのです。この子たちは二度と帰らぬ旅に出るために、ここに戻ってきたということを――。

腹は減っちょらんね
ゆっくいして行かんね
茶を飲みやんせ
漬物の食べやんせ
卵巻こ作ってみたど
焼酎飲むね

トメはあらんかぎりの知恵をしぼって、わが子同然の若者たちを歓待しました。トメにとって、それしか思いつかないし、食べていてくれる間は、死地に飛んでいくことはないからです。

トメの一生は、この三月から六月までの四ヵ月間に凝縮したと、孫の私は思っています。次女の礼子によって、特攻隊に選ばれると、三角兵舎という半地下式の建物で、仲間と生活することも知ったのです。

実際に三角兵舎に入ったからといって、すぐ明日出撃するというわけではありません。この三角兵舎はいま、知覧特攻平和会館脇に、当時のままの姿で見ることができます。しかしこれは模型であって、実際の三角兵舎は、山の中に散らばってつくられていました。現在、本物は一つも残っていません。

元気のいい若者の中には、そこから富屋まで飲み且《か》つ食べに来て、また夜道を富屋から駆け出して帰っていったそうです。

スイス人の精神科医エリザベス・キューブラー・ロスは、死期が間近に迫った患者が、死を受容していく心理過程を五段階に分けています。

実際の三角兵舎

否認、怒り、取り引き、抑うつ、受容——がそれですが、果して特攻隊員は、五段階の受容に全員、達していたのでしょうか。

多くの隊員の最後の手紙や言葉には「笑って死んでいく」「何の動揺もなし」といった死を受容する言葉が並んでいますが、これらの多くは、軍の検閲を受けています。もっと本音で語りたい部分、怒りや寂しさ、苦悩などもあったと思うのですが、それは公になる遺書には出せません。

トメにはそれらの人間的苦しみ、母親に対する息子の悩みを、すべて温かく受けとめる広さがあったと思うのです。

知覧から出撃・死亡した隊員だけでも、四百三十九人に達しています。それもわずか二カ月半の間でした。その四百三十九人のうち、どのくらいの方が富屋にいらしたか、正確なところはわかりませんが、少しでも母の懐に帰った気持ちで、飛び立っていったのであれば、祖母トメの心は、少しは救われたと思うのです。

トメから遺族への手紙

前にも述べましたが、「アリラン」を歌った光山文博少尉、最高齢の二十九歳で征った藤井一中尉、ホタルとなって帰ってきた宮川三郎軍曹など、トメのまわりには、伝説的に語り継がれてきた隊員たちがいました。

しかしこの三人は、ほんの一部の人たちであり、書いても書いても書ききれないでしょう。

ここにトメの伝説の一つをくわしく書いてみましょう。この話だけでもトメの横顔がわかると思います。

中島豊蔵軍曹は、祖母が実の息子のように可愛がっていた一人でした。愛知県出身の十九歳でした。少年飛行兵第十二期生で、十九年十月に内地から台湾に戻る途中、十日ほど知覧に滞在中、毎日富屋に入り浸りでした。

トメが「背が高くて高橋英樹のような人」といっていたくらいで、特攻隊員にしては、珍しくひげを生やしており、礼子もよく記憶している一人でした。

この中島軍曹が五月二十五日に帰ってきたのです。トラックの上から、

「小母ちゃーん、おれだよ！」

と、店の前に出ていたトメに手を振って、富屋の前に止まらないうちに、ほかの兵士を押しのけて、飛び降りてしまったのです。

その瞬間に右腕を強打。すぐ病院に連れていかれたのですが、捻挫《ねんざ》で腕を吊らなくてはなりませんでした。それでも中島軍曹は元気よく、富屋に遊びに来たのですが、なかなか出撃の機会に恵まれません。右腕が使えなくては、操縦桿《そうじゅうかん》が握れないからです。

五月二十八日には大規模な出撃があり、親友で、いつも一緒に富屋に来ていた松本真太治軍曹は選ばれていました。トメは富屋に来ていた隊員たちが出撃する日には、必ず飛行場まで行って、見送るのが常でした。

この日も松本軍曹の見送りに行ったトメに、中島さんは男泣きに泣いて、

「二人で征かれずに口惜しい」

と話していたそうです。ところがその松本軍曹の飛行機が故障で、一時間もたたずに帰ってきたのです。このとき中島さんはとてもうれしそうだったと、トメはのちに話していました。

結局、知覧に着いて十日目の六月三日、二人は共に選ばれて、沖縄の海に飛んでいくことになりました。その前夜、いつものように二人でやってきた中島軍曹に、トメはお風呂をすすめました。

「お風呂に入っていないんじゃないの？　手が痛かったら背中も洗ってないでしょう。小母ちゃんが流してあげるから、入りなさい」

「手を温めてはいけないんじゃないかな」

中島豊蔵軍曹

松本真太治軍曹

中島さんは、明日の出撃に腕が使えなくなることを心配したのでしょう。

「だったら、右手だけお湯に入れなけりゃいいの」

こうしてトメは背中にまわり、流しているうちに、涙が止まらなくなってしまいました。腕が使えなければ、治してから征ってもいいのではないか。どうやって片手で操縦するのだろう。上官だって、そのくらいのことわかってくれていいのに……など、考えているうちに、無性に悲しくなってしまったのでしょう。中島軍曹も、トメの気持ちがわかるだけに、うれしかったことでしょう。

「小母ちゃん、明日来てくれるね」

「ああ、行くとも」

しかし翌朝の出撃に、トメは見送りに行くことはできませんでした。理由については孫の私でもわかりません。体調をくずしたのか、それとも見送る自信がなかったのか……。私は後者のような気がするのですが。

松本軍曹と中島軍曹は、出撃時間の迫る中、トメを見つけようとしましたが、それは叶いませんでした。二人はトメ宛てに、その場で遺書を書いたそうです。

トメの真骨頂《しんこっちょう》は、これ以後にあります。

トメは二人の父親に、それぞれ出撃の模様をくわしく知らせる手紙を書くのでした。

中島様のお父上様に一筆お知らせます
五月二十五日に豊蔵さんは（こちらに）おいでに成りましたが
飛行機がわるいため、今日まで知覧においでに成りました。
私は食堂をして居りますものですから
かねてより豊蔵さんは知って居りましたので
たいへんよろこんで
中島は幸福であった
内の母より行届いているとか
そんな優しい言葉かけられて居ましたよ
私も又子供の如くお世話してあげたかったので
この世の中でほしい品をききましたところが

玉子の吸物にシイタケを入れて
たべたいとの事で思ふままにしてやりました
六月三日午前四〇分リリクでしたから
午後一時にテキの船に命中してりっぱな死をとげられました。
よろこんで下さい。
自分は小母さんのそばより出撃が出来てうれしいと
よろこんで立たれました。
元気でニッコリ笑って征かれましたから
六月三日の日をお忘れずにいて下さい
玉子の吸物をしいたけとそなえてくれと
母に小母さんより手紙を出してくれとの事です
私は自分の子供が中島さんと思って
こちらでもめい福をいのってあげます
一筆お知らせます

よろこんで下さい
又くわしい便あとで差し上げます

この手紙は巻紙に書かれています。巻紙とは細長い和紙でできており、巻かれております。毛筆で書くための昔の様式でした。
またトメは松本軍曹の父親に宛てても書いていますが、巻紙がなくなってしまったのか、事務用箋にペンが用いられています。

真太治さんの父上様へ一筆お知らせせます
真太治さんは五月二十五日より六月三日までこちらにおられましたが
いくたびか出撃がありましたが
飛行機がわるいため引きかへされて今日とゆう日がありませんでした。
とうとう六月三日にリリクなさいました
午前十時四十分　命中されたのは午後一時です

この日をお忘れずに居て下さい。
たいへんよろこんでニコニコ笑って　元気で征かれました
いつも小母さんとたのしく私をよんで
松本はうれしい小母さんのところより
出撃が出来たとたいへんよろこばれました
今真太治さんを知ったのではありません
昨年より知って居りましたのです
ことに今度のお別れは一生のお別れでありまして
心にもつくされません
よろこんでください。大きな戦果をあげられましたよ
真太治さんが父がよろこんでくれると思へば
早く沖縄のあのにくいてきの船にやりたいと申して居られました
色々二十五日より三日までの内の話しなど
書いてあげたいと思いますが

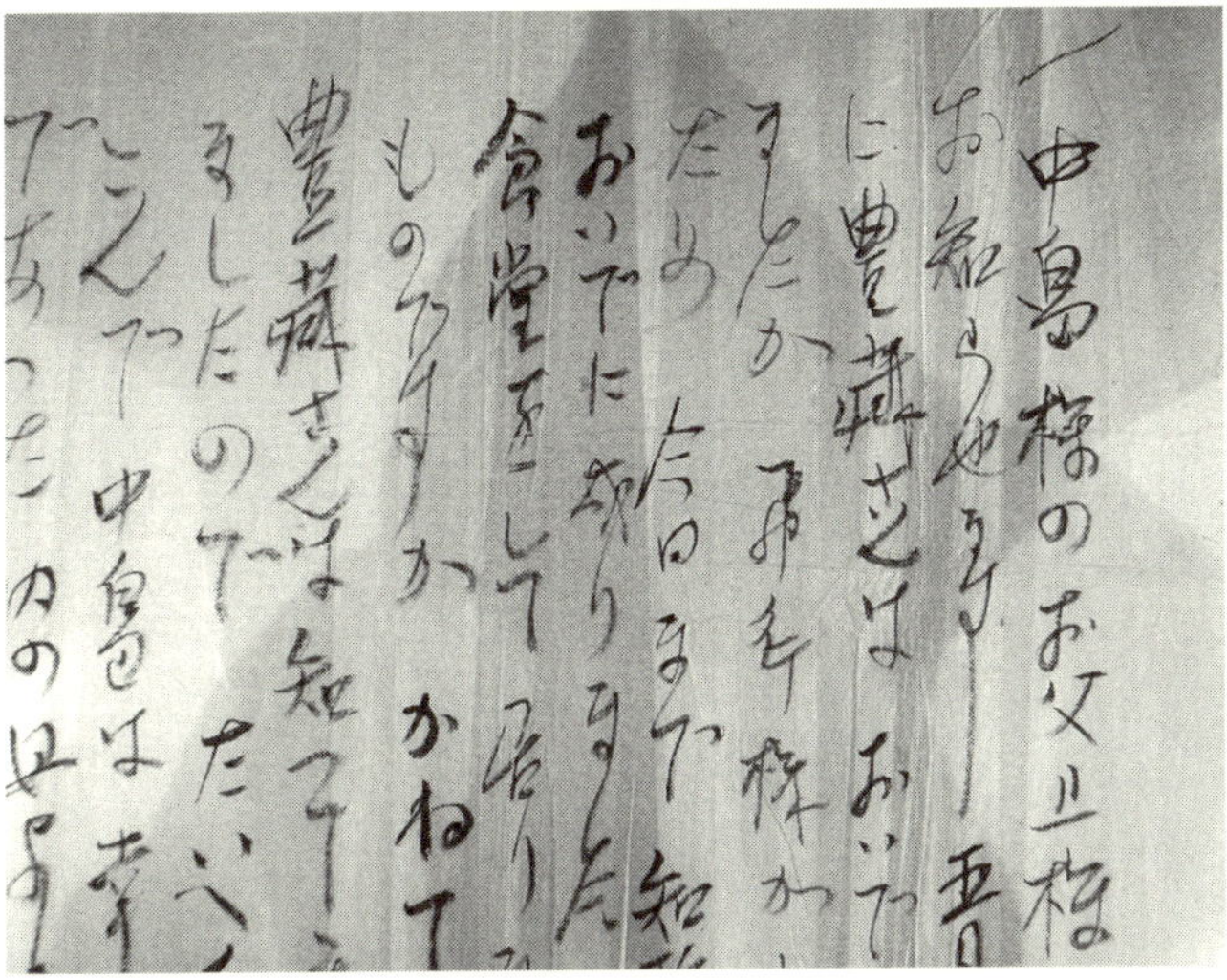
中島様のお父上様
お知らせ致します
に豊藤さんは　おいで
ましたが
ため
おいでになりました
食堂をして居りま
ものでしたか　かねて
豊藤さんは知って
ましたので　たいへ
こんで　中島様は
になった内の

トメの手紙

今日はこれにてペンをやめて
皆様のお元気で
すごされるよう
お祈り申します

鳥濱トミ子

トメは自分のトメという名前が大嫌いだったので、いつもトミ、またはトミ子と書いていました。その名をとって「富屋」としたことは前に述べましたが、このようにいつも丁寧に、遺族の方々に手紙を書いていました。

トメは小学校も満足に通ってい

ません。その身で、格の違う鳥濱家の長男である義勇と一緒になっただけに、義勇に教えてもらい、一生懸命文字を勉強しました。孫の私からいうのも何ですが、正直なところ字がうまい、と思います。

昔の人はペンも鉛筆もない時代ですから、毛筆を使っていました。筆は下手だと読めません。だから上手にならざるをえないのかなと思います。

文章は上手とはいえませんが、ともかく一生懸命、真心を込めて遺族の方々に、自分が知っている限りのことを書き送っています。

今の世の中は一過性のおつき合いが多く、知り合っても長つづきしません。トメはそういう人間ではなく、また名前をよく覚えていました。「小母さん」「おかあさん」と一回でも呼ばれた子の名前はしっかり覚えていましたし、それは何年前の少年兵でも同じでした。

明日出撃する兵士たちのために

特攻隊の出撃がふえるにつれて、富屋食堂の箪笥《たんす》が、少しずつ空になっていきました。トメは若い頃には着物のモデルをしていただけに、着物好きでした。少しずつ貯めた着物で箪笥が一時、一杯になっていましたが、それが隊員たちの食料になっていったのです。

たしかに富屋は陸軍指定食堂ですから、米や肉、魚の割当てはありましたが、トメは「それだけしかない」ということのできない性格でした。「今日はこれで終わり」といえるような女主人であれば、一財産築くことができたかもしれません。

トメはそれができない性格だったのです。明日出撃して死んでいく少年たちが「おかあさん、ボタ餅食べたい」といえば「いまつくってあげるからね」となり「お寿司食べたい」と無理をいっても「ハイハイ」と聞いてやったのです。

それらはすべて闇の値段で買わなければ、手に入らないものでした。焼酎にしても飲みっぷりは尋常ではありません。明日死ぬ身ですから、辛さを忘れるためにも飲んでしまいます。

礼子の思い出によれば、母のトメは、毎日のようにやってくる裏ルートの物売りと縁側で話をしていたといいます。彼らが帰っていくときは、風呂敷を肩に背負っていたので「ああ、またお母さんの着物がなくなったな」と、わかったそうです。

同じような経験を前田笙子さんは、こう書いています。

「昭和二十年三月、沖縄方面に対する特攻作戦が始まって以来、トメさんは特攻隊員とともに生活しました。トメさんの居間は日増しに広くなっていきました。家財道具を食べものにかえて、毎日のようにおとずれる特攻隊員の方々をもてなしていらしたからです。そんな無償の行為を家族以外のだれも知りませんでした」（「とこしえに」より）

この前田笙子さんの表現は、実によく富屋の内情を見ています。箪笥の中身だけでなく、箪笥そのもの、そのほかの家財まで売り払われていたからです。日々、部屋がガランと空いていくのを見ていたのでしょう。

これは戦後の話になりますが、現在は日本三大砂丘となっている薩摩半島の吹上浜《ふきあげはま》に、占領軍が上陸してくるというので、大騒ぎになったことがあります。それこそ昨日まで「鬼畜米英」だった米軍ですから、知覧の人々は、財産をどこに運ぶか隠すかが、最大の話題となったのです。

このときトメは私の母の美阿子に、

「うちには何も残っていないから、疎開する心配がなくていいね」

といったといいます。それほど空っぽだったのでしょう。

ここで正確にいうならば、特攻隊隊員として出撃が決まると、まず山中に隠されている三角兵舎に移されます。ここで出撃日を待つのですが、翌日出撃命令を受ける隊員もいれば、一週間、十日もここで待つ隊員も出てきます。

翌日出撃と決まると、その日は永久旅館と内村旅館泊まりとなり、最後の晩餐となるご馳走を振る舞われるのです。

このあと隊員は富屋に来て、三々五々、思い思いに時を過ごすことになります。一階のテーブルで手紙を書いてトメに頼む隊員、検閲を通すことのない遺書を書く隊員、一人静かに瞑想《めいそう》する隊員もいれば、小上がりの部屋で飲む組や二階で騒ぐ隊員もいます。そして帰営の時間になると、軍用トラックが来て、全員を三角兵舎に連れて帰るのです。

出撃は小規模の場合もあれば、一斉に出撃する日もあり、ほとんどの夜が隊員によって占領されたようです。なにしろ知覧基地からだけでも、延べ一千機以上飛び立ったのです。トメはそれらの隊員一人ひとりの小母さんとなり、お母さんとなったのです。

この年でトメは、四十三歳でした。若かったからこそできた反面、この年でこの異常な体験は、精神的にかなり重圧だったのではないでしょうか。それによって、富屋の財産、というほどのものではなかったでしょうが、目星い家財がスッカラカンになったことは確かでした。

「生きていてはいけない人たち」

六月に入ると、急速に特攻機の出撃回数が減っていきました。一つには沖縄が上陸戦に移りはじめていたため、艦船を狙っても、こちらの戦闘機が無駄な消耗《しょうもう》になるだけになってきたからです。

さらに米軍の飛行場空爆は激しさを加え、滑走路に開く穴の数はふえる一方でした。それにその頃になると、こちらの飛行機も故障機が多く、満足に沖縄海域まで辿り着けなくなっていました。

知覧からの出撃は六月十一日が事実上の終わりであり、最初に書いたホタルになって帰ってきた宮川軍曹は「一人でホタルになって帰ってくる」といったのではありませんでした。仲間の滝本恵之助伍長と一緒に、二匹のホタルとなって帰ってくるといったのです。

実は宮川さんと滝本さんは、はぐれ狼のような存在でした。二人には機体の調子が悪く一度、出撃途中から引き返してきた過去があったのです。「生き残り」の烙印《らくいん》を押された隊員は、周りから白い眼で見られたり、なかにはわざと「生き残りか」と、軽蔑《けいべつ》した眼で見る上官もいたといいます。

しかし同じ生き残りでも、基地に帰還してきた隊員は再度、出撃できますが、基地に還れず、土地の人に助けられたり、異なる海岸にたどり着く隊員もいました。

これらの隊員は、特攻隊といえば、華々しい戦果を上げて戦死したものと発表している

滝本恵之助伍長

軍にとって、邪魔な存在でした。戦後にわかったことですが、これらの生き残りは、福岡県の振武寮《しんぶ》という建物に監禁状態になっていたのです。

宮川さんと滝本さんは人を避けるようにしていましたが、ようやく二人共、六月六日に出撃することが決まったのです。「今度こそ」という思いが強かったのでしょう。

敵艦に体当たりして、ホタルになって戻ってくるというのは、二人の共通意志でした。だがトメに見送られて沖縄に向かったはずの滝本伍長が、その夕方、富屋食堂に姿を現したのです。

「ようまあご無事で」

トメはそうねぎらいつつ、「宮川さんは？」と聞くと、黙って首を横に振りました。滝本伍長の話では、天候の悪化で有視界飛行が無理になったので、何度も宮川機に「引き返そう」という合図を送ったのだそうです。

しかし宮川さんは身振りでそれを拒絶し、沖縄に向かったというのでした。滝本さんは結局、自分だけ反転して還ってきたというのです。

トメは心の中では「ああ、よかった。滝本さんだけでも無事で」と思いながらも、それを口に出すことはできませんでした。

滝本さんはひとり、食堂の片隅で酒を呷《あお》っていたので、トメはそっとしておいたそうです。このときの滝本さんの心中は、察するに余りあります。

もうこの時期は、ひと頃のように、食堂に特攻隊員が大勢いるわけではありません。数人の兵隊がいただけだったそうですが、その中で午後の九時に、ホタルが一匹飛んできたのです。トメの悲鳴のような叫び声に、滝本伍長もじっとホタルを見つめていました。本当なら、二匹で飛んでくるところを、一匹だったのです。

滝本さんについては後日談があります。

戦後間もない頃、宮川軍曹の遺族を訪ねてきた一人の男がいました。滝本伍長と名乗り、宮川軍曹との思い出と、最後の別れの場面を話して帰っていったそうです。

ところが一週間たつかたたないうちに、滝本伍長が死んだという知らせを、宮川さんの遺族は受け取りました。死因は誰も語りませんが、特攻隊員の悲劇は、戦争が終わってもつづいていたのです。

特攻隊出撃の終わり

特別攻撃隊の出撃は終わりました。

それと同時に、富屋食堂の客は突然、いなくなったのです。内村旅館と永久旅館も同じでした。奇妙な空白といっていいでしょう。

それまで毎日のように飛行機の爆音の響いていた町です。それも日本機だけではありません。米軍機の爆弾音も交じって、不安と恐怖の音の町でした。それが急に静かになってしまったのです。それだけではありません。軍関係の人たちが急速に減りました。

それらの人たちは、知覧から五キロほど離れた川辺の町に移動したのです。沖縄を制圧した米軍は、鹿児島県の西海岸につづく吹上浜に上陸してくる、と予想されていたからです。この海岸は、川辺からわずか十二キロほどの近距離に広がっています。

ここに上陸してくる米軍を迎え討つ準備のため、陸軍はそちらに移動しただけでなく、つい二ヵ月前に、特攻隊の宣伝とも思われる写真を撮られた知覧高女のなでしこ隊を、今度は野戦病院の看護隊として奉仕させたのです。

礼子たちはここで緊急に看護教育を受けたのですが、兵士たちも負傷するでしょうが、彼女たちも死と向かい合うことになることは確実です。艦砲射撃が始まれば、町ぐるみ吹き飛んでしまうからです。

礼子も不安でしたが、義勇とトメのほうが一層不安でした。もちろんこれまでも米軍の空爆で、いつ爆弾が落ちてくるかわかりませんでしたが、偶然にも富屋の位置は、周囲を囲む山との地形的関係で、落ちにくい場所だったのです。

しかしこれまでは空からの襲撃でした。これが地上軍となると、まったく状況は一変し、恐怖が異なります。人々はすでに沖縄戦の悲劇を、新聞やラジオで知っており、軍の関係者の間でもヒソヒソ話されていたからです。

鳥濱家に危機という言葉を当てはめれば、このときほどの危機はありませんでした。六月下旬から八月中旬までは、息をひそめて米軍の上陸を待つという状態だったのです。

知覧の町の人々は、上陸の日に備えて、財産と女、子どもをどこに疎開させるかで、大騒ぎでした。鳥濱家でも家財道具はなくても、年頃の娘が二人いるのですから、どこに疎開させるか、頭を痛めていたのではないでしょうか。

義勇の実家である志布志も、候補に入ったかもしれません。義勇の母親はすでに、トメを鳥濱の家の嫁として正式に認めていたからです。それだけ夫の実家に対しても、嫁として最高に尽していたからです。

そんな折に突然、天皇陛下の玉音が放送されたのでした。

第5章

敗戦の日本

進駐軍のママと呼ばれて

弔いつづけると決心した日

八月十五日はひどく暑い日でした。日本中どこでもそうでしたが、ラジオの玉音放送は聴きとりにくく、言葉も難解で、よくわからなかったそうです。

ただ日本は負けて、戦争が終わったのだ、ということだけはわかりました。

トメはしばらくは、何も考えられなかったそうです。負けたとなると、死んでいったあの子たちはどうなるのだ、何のために死んでいったのだ、私はいつも励ましてあの子たちを見送ったが、それは間違いだったのか……次から次へと怒りだけでなく、悲しさ、口惜しさも襲ってきて、立つこともできませんでした。

やがて川辺にいた礼子も戻ってきました。なでしこ隊は必要なくなったのです。夫の義勇も加世田の本社から帰ってきました。一家四人揃ったのは、本当に久しぶりでしたが、誰も無言でした。

このときトメは決心しました。

自分のこれからは、あの子たちだけでなく、日本国のために死んでいった、特攻隊員全員のために捧げなければならないと。

今日から弔いつづけなければならないし、それが終わることはないのだと。

大切な命は、もう取り戻すことはできない。どんなに詫びたところで、あの子たちは還ってきません。そうだとすれば、毎日毎日、生きているかぎり、菩提《ぼだい》を弔わなければならない、と固く心に決めたのです。

トメには、幼い頃から苦労しつづけた経験があります。十歳にも満たない頃から、遠い山を登って、毎日子守りに出かけていました。大きくなってからは、奴隷《どれい》のようにひたすら働かされもしました。

結婚しても、嫁として認められないまま、行商に歩きまわったつらい体験もあります。体をこき使ってきただけに、できないことは何一つないし、我慢できないことも、ひとつもありません。

実際、戦いに負けて以後、富屋とトメには、口さがない噂が、毎日のように聞こえてきました。軍と組んで甘い汁を吸った悪徳食堂だ、特攻隊員で甘い汁を吸った女だ、といった噂でした。

たしかに知らない人がその噂を聞けば、そう思うでしょう。なにしろ毎日毎晩のように、若い隊員たちが大勢出入りしていたのですから。酒どころか、食べるものも満足にない時代に、富屋ではあんころ餅まで振る舞っていたのです。

そんな富屋の内情が苦しいとは、誰も思いませんし、トメが着物や家財を売り払って、特攻隊員のための食料や焼酎を確保していたなど、誰が信じましょうか。

進駐軍のためのレストラン

開店休業同様の日が三ヵ月つづいた頃、いつ来るかと脅《おび》えていた米軍の先遣隊が、ついに知覧に現れました。トメは内村旅館に入る米兵たちの体格にびっくりし、美阿子と礼子は、奥の部屋に隠されて息をひそめていました。

内村旅館には冷蔵庫、洗濯機、ベッドが運ばれ、警察署長は「米軍の車を追い越す車があれば、射殺する」とまでいわれました。

ところがしばらくして、警察署長が内々の相談にやってきました。

それによると、米軍は内村旅館を宿舎とすることに決まった。ついては米兵をこの富屋食堂で、自由に息抜きさせてやってくれないか。それができるのはトメさん、あなたしかいない、というのです。

もちろんトメは即座に断りました。

「署長さん、いまはどうしてもそんな気になりません。死んだ子たちに顔向けできなくなってしまいます」

何度も何度も頼まれては断り、断っては懇願《こんがん》されました。その結果、進駐軍がやってくる日の歓迎会場として、富屋食堂を使うということになったのです。

署長からのお願いは二つ。一つは日本料理を出してほしい。二つは一行二十二名のために、瓶ビールを一本ずつ用意してほしい、というものでした。

日本料理はわかりますが、瓶ビールは意外な条件でした。トメは理由を聞いてなるほどと思いましたが、彼らはまずい缶ビールしか飲んだことがないというのです。

ところが敗戦後のことで、この瓶ビール二ダースを調達するだけで、トメは四苦八苦したそうです。

この歓迎パーティーは大成功で、トメは町の有力者から感謝されましたが、心の中は複雑でした。

狭い会場で、ともかく知覧の平和を維持することに成功しましたが、そこではつい先頃まで、特攻隊員が遺書を書いていたのです。米兵が帰ったあとの食べ散らかした席を見て、トメは悲しみで涙が止まりませんでした。

数日後、そんな富屋に、今度は米兵がクリスマスパーティーだといって、やってきたのです。内村旅館から料理をもってきて、クラッカーをポンポン鳴らして陽気に「メリークリスマス！」と声をかけてきます。

トメはそんな彼らのマスコット状態で、訳もわからずに、彼らの間をうろうろするだけでした。それでも一人ひとり紹介されたことで、気のいい兵士から、危険な匂いのする兵士まで、なんとなくわかってきました。

進駐軍の兵士たちにも慕われた

彼らの年は、特攻隊員たちとほぼ同じで、二十一、二歳だったそうですが、そのうち美阿子も礼子も、この種のパーティーに出るようになったようです。

彼らはたしかに勝者の立場ですが、実際には若い兵士であり、母国を遠く離れた寂しさは、どの国の人間でも同じです。ここでもトメはそんな彼らのママになってしまいました。

大の男たちが「マーマ、マーマ」と甘えるのです。最初にこの兵士は危険だ、と察したハスキンという兵士は、パーティーで酔っ払って、富屋の裏庭でピストルを空に向けて、ぶっぱなしたこともありますが、その後はトメのあとをついてまわり「マーマ」と慕ったそうです。

美阿子と礼子はこのとき、何人もの兵士とトランプをしたり、アメリカの本を読んでもらったり、写真やチョコレートをもらったりしています。

これによってアメリカの文化というものを直接知るわけですが、それに染まったわけではありません。

一本の棒杭

米軍の進駐目的は「治安状況の視察と飛行場と軍関係の後始末」というものでした。この中の飛行場の後始末は順調に進み、年が明けた一月、残っていた飛行機をいよいよ知覧飛行場で燃やす、という話がトメの耳に入ってきました。

それまでは二五〇キロ爆弾の信管を抜いて、枕崎の沖合に投棄していたとのこと。トメは飛行機を燃やすその場に立ち合わせてほしい、と願い出ました。どうしても別れを告げたいと思ったのです。

この最後の飛行機が燃やされてしまったら、あの大勢のわが子同様だった隊員とのきずなが、なくなってしまうような寂しさを感じたのです。

幸い願いが許されて、トメは二人の娘と一緒に立ち会いに行きました。

「さあ、一緒に行って、ありがとうとお礼をいおうね。最後のサヨナラをいわなくては」

久しぶりに見る飛行場は、以前のそれではありませんでした。ただの荒野といっていいくらい、一面に枯草《かれくさ》の残った野原でした。そこには最後まで残された数機の特攻機が、スクラップ同然に積み上げられていたのです。

ガソリンがかけられていたのか、飛行機は冬の夕日に照らされて、黒煙と共に焼け落ちていきました。その光景は、涙なくしては見ていられないものでした。

帰り道、トメはその荒野から一本の棒杭を拾って、軟らかそうな土に差し込んだのです。

「さあ、これが尊い命を投げうって、私たちを守ってくれた人たちのお墓だよ。いまはこんなお墓で申し訳ないけど、これなら壊されることはなかろうからね」

美阿子と礼子には、母トメの心が痛いほど伝わってきました。

近頃ではトメを見かけると「軍国主義者」だの「特攻でもうけてアメリカ軍でももうけるのか……」と、聞こえよがしにいう町の人たちもいました。

トメはじっと辛抱《しんぼう》していましたが、娘たちにはわかりすぎるほどわかるのです。かりにこの棒杭が特攻兵たちの墓の代わりだと知ったら、すぐに引き抜かれてしまうでしょう。花も水も供えられない墓なのです。

トメはこの棒杭を毎日でも拝みたかったでしょうが、人目につかないように、一週間に一度くらいしかお参りはしませんでした。

「母さんは、いつか必ずここに観音様の像を建てますよ」

娘二人が驚くほどの強い口調で、トメはいいました。

「そうしなくては、お国のために死んでいった人たちの霊が浮かばれないじゃないか」

最初のうちは一週間に一回くらい、いかにも飛行場を見まわりに来た風情で、トメは棒杭に花を捧げ、水で清めていましたが、帰りにはそれを持って帰っていました。

花や水が供えてあると、疑われると思ったからです。

そのうち五日に一回、三日に一回と、少しずつ間隔を詰めていったのですが、その頃になると、町の人の中には、特攻隊の墓のつもりだ、とわかる人もいたようです。歩くにしては、富屋からこの棒杭の場所までは遠すぎます。そこでしばらくあとからは、富屋の前にあるタクシーの営業所から車を出してもらって、往復するようになりました。幸運にも、その棒杭を引き抜くような人はいませんでした。

アメリカ兵の母

とはいえ、この時期のトメと二人の娘の生活は、矛盾《むじゅん》に満ちたものでした。家に帰れば、毎晩のようにアメリカ兵が旅館の食べ物をもって、飲みにくるのです。

彼らと次第に親しくなっていくのは当然ですが、朝になると棒杭参りに行く。

こういった二重生活を割り切ってつづけていくことは、大変むずかしいものです。それにアメリカ兵は規律も正しいし、仇敵として憎しみをもつことは、できませんでした。

それに英語は学校でも非常に重要な科目になっており、礼子にとって彼らとの会話は、とても有益です。

もしかすると、この生活があまりにも長くつづいたら、トメの心はどうしようもないところまで追い詰められたかもしれません。

偶然にも耐え切れる限界ともいえる翌年二月末、知覧の進駐軍は、鹿児島の本隊に帰ることになったのです。これは予想外の出来事でした。

まだまだ当分、特攻隊調査が行われると思っていましたが、すでに旧日本陸軍は大事な資料を焼却していたのかもしれません。最後の特攻機を焼却するときも、数機しかなかった点から考えても、すでに知覧には使える飛行機はなかったのでしょうか？

いずれにしても、昭和二十一年（１９４６）二月二十五日、駐留部隊は知覧から去っていったのです。知覧の町は緊張からやっと解放されました。

ところが兵士たちは、よほどトメとの別れが辛かったと見えて、なんと五日後の週末土曜日、彼らのうち三人の大男がジープでやってきました。

なかには、

「マーマ、会いたかったよ」

と、ひげ面をトメにすりつける男もいました。

鹿児島から知覧までは四十キロです。いまだったら一時間足らずですが、当時の道は現在の道路ではありません。ガタガタ道で、舗装も街灯もありません。山道で運転を誤れば、崖下に転落して即死でしょう。

そんな危険を冒してまで、彼らは入れ代わり立ち代わり、やってきたのです。

トメは特攻隊員の母でしたが、アメリカ兵士のママにもなったのです。

観音像の建立へ

その間にも棒杭参りはつづけられました。正確にはわかりませんが、いつからかこの棒杭の周りには花が植えられ、きれいに掃除されるようになったようです。

それが一年後くらいだったのか、数年後だったのか、正確にはわかりませんが、昭和二十五年（1950）から始まった朝鮮戦争が、大きなきっかけになったことは確実です。

それまでのラジオや雑誌は、過去を振り返ることが多く、戦争犯罪人や協力者探しなどが、大きく扱われていました。共産党員や社会主義者が、急速に力をつけていたのです。完全に日本という国は自信を失っていたのですが、この朝鮮動乱で日本の軍需景気が回復し、いわゆる神武景気《じんむけいき》（神武天皇以来の好景気）となったのです。

ここで、日本人は、ようやく軍国主義論を捨てて、戦後の発展に目を向けはじめたのです。

トメの周囲が静かになってきました。トメと出会っても、聞こえよがしに悪口をいう手合いがいなくなりました。逆風がやんだのです。

ようやく棒杭の墓は、誰に知られてもよい時代になってきたのです。

トメは少しずつ町の有力者をまわって、観音像の設置を提案して歩きました。

防衛庁防衛研究所戦史部の資料によれば、沖縄作戦で特攻隊攻撃をつづけた第六航空軍の死亡者は六百九十四名、失われた航空機は六百五十一機だということです。

知覧での数字は微妙に違っていますが、どちらにしても、それだけ多くの戦没者を出した町に、鎮魂の碑や仏像が一つもない、というのはよくない、というトメの考えに、賛同者が次第にふえていきました。

この時期、トメは知覧町長に何度も何度も直訴しました。偶然というか、トメが坊津町の小学校で一年間だけ通ったときの担任の先生が、このとき知覧町長になっていたのです。

どういう形でもいいが、特攻隊員たちが命を散らした業績というか事蹟を、知覧町として残してほしいと願ったのです。

しかしこのトメの願いは、そう簡単ではありません。知覧町として、これ以後論議が深まっていくのですが、結論が出たのは相当先でした。

トメは棒杭を立てたとき、必ず観音像を建立すると誓ったこともあり、それ以後も、根気よく有力者を説得してまわりました。

第6章

みんな、うちの子

戦災孤児を家族に迎える

ふえていく家族

米軍が去ったことで、ようやく富屋食堂も静かになったのですが、まったく問題がなくなったかといえば違います。

「人を見ると親切にしたい」というトメの生来の性格が、鳥濱家をとんでもない大家族にしてしまったのです。

米軍が内村旅館に滞在していたのは、わずか二ヵ月ほどでしたが、そこで働いていた女性がその後妊娠していることがわかり、アメリカ兵の子どもを産んでしまったのです。

ここをもっとくわしくいうと、女性の名は中原さんといい、妊娠中から周りの目がきびしくなったことに耐えきれず、大阪に逃げてしまったのです。

ところがトメは、私の母の美阿子に、

「大阪に行って、探して連れておいで」

子どもたちとトメ

と命じたのです。

よく考えると、これはおせっかいを通り越して、出しゃばり過ぎだと思うのですが、後で調べるとこの中原さんに、妹さんがいて、知覧に住んでいたのです。

もしかすると、その妹さんがトメに相談したのかもしれませんが、美阿子は大阪に行って探し出し、お腹の大きい中原さんを連れて帰ってきたのです。

そして妹さん共々、富屋に引き取ったのです。中原さんも相当悩んだでしょうが、生きていくあてもないままに、世話になったのでしょう。

そして富屋で、青い目の赤毛の子を生

んだのです。

当然、その子が歩けるようになれば、

「アメリカの子だ、混血だ」

といじめられます。そのたびにトメは、

「うちのトシ坊に何をする！」

怒って走りまわっていました。

この子は私より一まわり上で、一緒にゴルフを回ったりしましたが、六十歳で亡くなりました。

いまでこそ国際結婚はふつうになりましたが、この当時は、そんなものではありません。初代国連大使、澤田廉三の夫人であった、澤田美喜さんが「エリザベス・サンダース・ホーム」を立ち上げて、混血児救済に半生を捧げましたが、トメも考え方としては、澤田さんに似ているものを、もっていたのではないでしょうか。

この中原さん母子を始め、このあと続々と、富屋食堂の二階に住まう人たちが多くなるのです。

いうまでもありませんが、この頃は、食べる米にも不自由していました。食堂といっても、家族四人の食い扶持《くぶち》を維持《いじ》するだけでも大変なのに、次から次と困った人がやってくれば、二階に住まわせてしまうのです。

次にやってきたのは母と子でした。男は軍の土木工事を請け負っていましたが、他所者《よそもの》だったので、敗戦と同時に姿を消してしまいました。残された母と子ですが、なまじ育ちのいいお嬢さんだったので、その日から食うに困ってしまったのです。

親も親戚も妊娠を知ると、勘当同然にしたといいます。昔は結婚前に妊娠、出産するなど、親は恥ずかしくて、知人や親戚に顔を向けられなくなったものです。

この子は長じてのち、有名な大会社の幹部になっています。

次は父母を亡くした子ども三人でした。さすがにこれは三人を同時に引き取ることはできず、そのうちの一人だけ、預かることになりました。

ところがここでまた、おかしな具合になってきたのです。最初に引き取った青い目の子の母親は、その後妹と三人で厄介になるのは心苦しいといって、自分だけ外に出て働いたのですが、なんと！　もう一人子どもを連れて、再び富屋に戻ってきたのです。これにはさすがのトメも驚いたようです。

丁度この少し前に、義勇とトメ夫妻は食堂に隣接する二礼旅館を買い取り、特攻隊員の遺族を泊める宿にしたのです。

この時期になると、それまで「帝国主義者」だの「悪魔の特攻」と呼ばれていた特攻隊への風向きが、大きく変わってきました。それまで「自分の息子は特攻隊員だった」といえなかった遺族にも、周囲の目は同情と賛美など、温かいそれに変わってきたのです。

トメの生活もそれに伴って、少しずつ変化が起こりはじめました。かつての特攻隊の遺族や関係者たちが、ボツボツと訪れるようになったからです。

ところがこの知覧は観光名所など、なにひとつありません。かつての飛行場はからいも（さつまいも）と里芋、茶畑があるだけで、旅館も満足にありません。内村旅館はその後廃業しており、遺族の方々がいらしても、泊まるところも満足にありません。

そこで銀行から借りた金で、旅館を持ったのです。これもトメの気配りであり、それを夫の義勇はうしろから援助したのです。

二人の子どもを抱えた中原さんは、この旅館の一室に住むことになったのです。

もうこうなると、トメは特攻の母、米兵の母というより、私がいうのは恥ずかしいですが、人類の母と呼んだ方がふさわしい気がします。

長女・美阿子の結婚

そんな大家族にふくれ上がった鳥濱家に、おめでたい話が持ち上がりました。長女の美阿子が結婚することになったのです。昭和二十八年（1953）、美阿子が二十七歳のときでした。

お相手は義勇が毎日通っている加世田の町の元士族、宮原家の二男・春幸でした。宮原は「みやばら」と読み、土地名でもあります。明治以前は土地の豪族だったのでしょうね。いわば志布志の旧家である鳥濱家が、同じ薩摩藩の旧家である加世田の宮原家と姻戚の関係になった、ということなのでしょう。美阿子の父親である義勇の縁でした。春幸は南薩鉄道の社員だったのです。

美阿子には、戦争の最後の頃、好きな人がいたようです。息子が母の恋人を知っているというのもおかしな話ですが、母は当時の兵士の方々とほぼ似た年頃であり、好きな男性がいても不思議ではありません。

ヤナギヤ曹長といって、実は富屋食堂の裏手に住んでいた方で、歩兵として中国大陸に行っていました。戦争が終わってから、この知覧に帰国したのですが、その後台湾旅行中に、消息不明となってしまいました。

美阿子は結局、その死を受け入れるのですが、恋焦《こ》がれていたようです。

戦争後は、どっと中国、南方大陸から帰国した男性たちによって、花嫁募集が殺到した一時期があります。

一人の女性に花婿希望が十人、といわれたくらいでした。そんな花嫁払底《ふってい》の中で、二十七歳まで美阿子は結婚しなかったのですから、諦めきれなかったのかもしれません。

この宮原家は、土地の警察署長をしていました。いまと違って、明治期は藩から県に変わっただけで、その土地を治めていた有力者が警察署長になる、という形式でした。

この宮原家の二男を、鳥濱家の婿養子にすることになったのです。ですから私の母も私

美阿子の結婚した頃
（左からトメ、義勇、春幸、美阿子）

も、鳥濱姓を名乗って、現在に及んでいます。

この結婚式は盛大だったようです。すでに祖母のトメは、知覧の町では有名人であり、そこに志布志と加世田の旧家の縁もできたのですから、ちょっとした噂になったものです。

この結婚で、美阿子は新しくできた旅館のほうを切り盛りすることになり、トメとしては一安心だったとか。肩の荷を下ろした気持ちだったでしょう。

トメはもう五十を過ぎていました。当時としては、そろそろおばあちゃんになってもいい頃です。またそのつもりで、美阿子に婿をとって富屋を継がせたのでしょう。美阿子には、それなりにきびしく料理を指導したようです。

実際、美阿子の料理の腕はすばらしいものがあり、特にうなぎ料理は絶品でした。富屋の脇にはきれいな川が流れていたので、生簀があって、うなぎや鯉、それにほかの川魚も泳いでいました。

美阿子はうなぎの捌き方がすごく上手で、それに独特のたれが評判でした。いまでもときどき、役場を退職された方から「あのうなぎはうまかった」といわれるほどです。

これも祖母トメの教育でしょうから、当然トメのかばやきも、特攻隊員たちに喜ばれたと思います。

いつも誰にでも同じように

ここでもう一つ、祖母トメの親切心のエピソードを紹介したいと思います。

宮原春幸と美阿子の結婚式には、これまでのトメの働きなどへの感謝も加わって、たくさんの人たちから祝いの品が届いたといいます。その中に美阿子宛ての本革ハンドバッグがありました。

日本の経済が本格的に復興したのは、昭和三十一年（1956）だといわれます。

この年の「経済白書」に《もはや「戦後」ではない》と記されたことは有名ですが、美阿子の挙式は、まだその三年前です。お祝いといっても、本格的なファッション用品はまだ夢の夢、という状況の中で、本革のバッグを頂いたのですから、美阿子はさぞかしうれしかったでしょう。

ところがこれが、新婚旅行中に富屋の部屋から、盗まれてしまったのです。警察の捜査で前科六犯という男が逮捕されましたが、肝心のバッグは出てきません。美阿子の落胆ぶりは、誰の目にも映りました。

大分たってから、ある日、警察署からトメに電話がかかってきました。トメは署に向かいましたが、しばらくして、恐ろしそうな顔の男を、連れて帰ってきたではありませんか！

この男こそ、美阿子のバッグを盗み、その後留置場に入っていた男だったのです。

トメと孫たち

この日、署長から折り入って相談があるといわれて、トメは出かけていったのですが、署長の話というのは、この男は窃盗を繰り返しては、刑務所や留置場に入るのだが、誰か身元引受人がいてくれれば、出してやってもいいのだが、というものでした。

実はまだ書いていませんでしたが、富屋食堂は、警察から頼まれて、留置場に毎日、弁当を届けていました。もちろん留置されている犯罪人がいなければ、届ける必要はありませんが、そういうことは、ほとんどありません。

そんなこともあって、トメはその男をまったくの他人、と思うことができなかったのかもしれません。

これには美阿子だけでなく、叔母の礼子も大反対だったようです。それはそうでしょう。大げさにいうなら「汝の敵を愛せよ」といわれたようなものですから。

ここでも「かわいそうになったら助けたくなる」というトメの信条は、犯罪者にも平等に働いたのです。

この男はしばらくの間、富屋に住み込んで、家の修理や下働きをしていましたが、その後船員となってりっぱに更生しています。

特攻平和観音像

美阿子に男の子が誕生しました。翌年のことです。トメにとって、目に入れても痛くない初孫です。義清と名付けられ、もう毎日メロメロでした。

これまでのトメの五十二年の人生は、自分の喜びを先にするのではなく、人の喜びを喜びとする、というものでした。特攻隊を例にとれば、自分が食べたいと思うのではなく、少年たちに食べさせたい。そしてそのうれしそうな顔を見て満足する、というものでした。ところが初孫にだけは、それは通用しません。人に預けたり、抱かせるのではなく、自分が孫を独占してしまうのです。

これは二人目の孫となった私の場合には、もっと強くなり、どこに行くにも祖母は「明坊、明久」と私を連れて歩いたのです。

もしかすると、孫ができたことで、ようやく、家族にも目が向いてきたのかもしれませ

最初にできた観音堂の前で

ん。

しかしトメは、この間ずっと、二つの日課ともいうべき務めをつづけてきました。

一つは棒杭へのお参りと、二つには町長への観音像建立のお願いです。

なぜこの観音像を知覧町長に請願しつづけたのかというと、これは個人で建てるものではない、という強い意志があったからです。

大きくいえば、日本の政府が菩提を弔うべきですが、それは靖国神社がありま す。知覧から出撃し、日本国の将来のために華と散った人々に対しては、知覧町として、公の立場として菩提を弔う義務と責任があるのではないか、というのがトメの考え方でした。

この請願は町長の任期の最後の年に受け入れられ、ようやく昭和三十年（1955）の九月二十八日に金銅によってつくられた観音像が完成、安置されることになったのです。

この観音像は「特攻平和観音像」と名付けられ、大和法隆寺の秘仏、夢ちがい観音を模しています。人によっては、飛行場のあった場所が「西元取違」という地名であったので、ここから法隆寺の秘仏が考えられた、という人もいます。

高さが54㎝。像内には特攻勇士の名前が連記された、9m54㎝の巻物が納められています。

夢ちがい観音は法隆寺では夢違《ゆめたが》い観音と呼ばれており、悪い夢を見たときにこの観音像をお祓いすると、よい夢に取り替えてくれる、といういわれがあります。

それは特攻勇士全員にとっても、知覧の人々にとっても、大きな願いであり、それによって救われると信じています。

この観音像はいまでこそ、特攻平和会館のすぐ隣の特攻平和観音堂に安置されていますが、でき上がった当時は、そうではありません。石段を上がった小さな祠《ほこら》の中に安置されていたものです。

正確にはいえませんが、建立されるとき単に「平和観音」という名前にする案もあったようです。それをトメが「特攻」の二文字を入れてください、とお願いしたとか。

トメの心には、この「特攻」の二文字は、次第に風化していつか忘れられるときがくる、との思いがあったのでしょうか。

当初の観音様は、七段ほど石段を上がった上につくられました。石段は二人一緒に上がれば一杯、というくらいのもので、その上に祠がつくられ、特攻平和観音はその中に納められました。

ただこれでは、石造りとはいえ、祠がいつまで保つかわかりません。風雨によって傷んでいくことは明らかでした。トメは、いつかは屋根のあるお堂の中に安置したいと、早くも夢を育んでいました。

この平和観音がつくられても、いっときだけは賑わいましたが、長つづきしませんでした。

町の人々はあまりお参りにきません。それはなぜかというと、特攻隊と関わりがあると、戦争を賛美していると思われかねないからです。

「戦争犯罪人」とは誰か

話は戻りますが、米軍が知覧に進駐してきたとき、当然のことながら、戦争犯罪人の捜索が行われています。自分たちの艦船や仲間が、特攻攻撃により沈められたり、殺されたりしていたからです。

まず軍の幹部を調べ、次に町に協力者がいないかを、聞きまわったことでしょう。このとき鳥濱トメの名前が出たと見えて、聞き取り調査が行われました。

これは『それからの特攻の母』（伏見俊行著）の引用です。

「あなたは特攻隊員と関わりがありましたか」

トメさんはためらいなく答えた。

「私の子供たちがたくさん特攻隊員として征きました。あの子達の最後の世話をこの食堂でしました」

「あなたの子供たち」

米兵は聞き返しました。

「そう、子供たちです。何十人もの子供たち。私の実の子供ではありませんが、みんな私にとっては子供でした。10代から20代前半の子供ばかり。軍の命令でみんな死んでしまった。私も止めなかった。私が殺したようなものです」

話を聞いた米軍の兵士も新聞記者も絶句していた。涙を流していた。

特攻隊員との触れ合いや話題をひた隠す町の人たちと違って、トメは正直でした。それが米軍の兵士や新聞記者の心を打ったのでしょう。

ただ単に、宿舎となった内村旅館の前にあった食堂だから、遊びにやってきたわけではありません。その前にトメの人柄が信頼できると、米軍は判断していたのです。

この平和観音にしても、大っぴらにお参りに通ったら右翼ではないか、戦争賛美者ではないかと、疑われるのではないか、と心配した人は多いはずです。

第7章 トメの晩年

時代が流れるなかで

「納税おばさん」

丁度、伏見俊行さんの名前が出たところで、トメが「納税おばさん」と呼ばれたいきさつを語っておきましょう。

当初のトメは、町の小さな食堂のおかみさんに過ぎません。戦争も終わった昭和二十五年頃、ある日、店におなじみの税務署の係長がやってきました。

「おばちゃん、儲《もう》かってますか？」

「うちはいつもお金は空っぽだよ。税務調査しても、なにも出てきませんよ」

顔見知りだけに、トメも気軽に答えていたのですが、このとき係長は、帳簿のつけ方を丁寧に教えてくれたのです。

それまでのトメのやり方は、仕入れと売上げを記入しているだけで、およその損益を頭の中に入れているだけでした。ところが係長は「それでは商売はうまくいきませんよ」と、真剣に記帳の仕方を教え、富屋食堂はどうも税金を納め過ぎているかもしれない、という点まで指摘してくれたのです。

トメは一つのことをやり始めると、トコトン最後までし遂げる性格でした。この日から係長はトメの簿記の先生になり、青色申告を始めるようになったのです。

「納税おばさん」と呼ばれるようになった

ところが、ここがトメの他人と大きく異なる点ですが、自分から率先して、町の商店をまわり、青色申告をしましょう、正しい納税をしましょうと、説きはじめたのです。

もちろん中には、迷惑な店主もいたでしょうが、トメの熱心さには頭が上がりません。なにしろ、かっぽう着を着て集金袋を肩から提げ、手には拍子木《ひょうしぎ》をもって、夕方になると、

「火の用心。マッチ一本火事のもと。納税は日掛け、月掛け、心掛け」

カチッ、カチッと歩きまわるのです。この習慣は昭和二十五年（１９５０）から昭和五十年（１９７５）までつづいたのです。

ところがトメは足が悪く、それは私たち孫の仕事となっていきました。

東京の礼子の息子、赤羽潤はトメにあずけられていましたが、私たちが皆さんから小銭を預かるのについていきては、「いい子ね」とお菓子をもらって喜んでいたことをはっきり覚えています。

この活動により、トメは「納税おばさん」と呼ばれるようになり、昭和三十八年（１９６３）、熊本国税局から表彰を受けています。

考えてみるとトメは、いつも「特攻おばさん」「納税おばさん」と、親しみを込めて、町の人々に呼ばれていました。

この親しみの感情は、子どもたちにもあったようで、だからこそ富屋には一時期、義清以外にも八人の小さな子が暮らしており「おばあちゃん、おばあちゃん」と懐《なつ》かれていました。

この時期のトメは、もう相当太っていました。長年立ったり座ったり、あるいは遠くまで歩く生活がつづいていたので、膝も弱くなっています。

そこで観音詣でも、タクシーを使うようになっていました。トメはその座席に、兄の義清とこれらの子どもたちも乗せてやったのです。

「さあ、みんなで草むしりだよ」

子どもたちは車に乗せてもらおうと、一生懸命、観音様の周りをきれいにしました。

富屋に来た客も、トメによってお参りに行かされた人も多かったといわれます。それこそ知らない人からすると、トメが特攻観音の管理人のように見えたことでしょう。

祖母としてのトメ

この観音像が建立された三ヵ月後、次女の礼子が東京・新宿にある文化服装学院に入学するため、知覧を去ったのです。

富屋は長女の美阿子と婿の春幸が継いでいたので、次女の礼子は将来、東京に出て結婚

トメと筆者

してもよい立場です。そこで当時、洋裁ができれば仕事にもなる上に、結婚してもミシンが踏めるので、洋裁には若い女性が殺到していました。

しかしトメとしては、寂しかったのではないでしょうか。それも次女の礼子が、まだ見たことのない大都会、東京に出ていったのです。

もう二度と会えなくなるのではないか、という不安もよぎったことでしょう。

昭和三十五年（1960）、トメが五十八歳になった年、私、鳥濱明久が生まれました。母・美阿子にとって、私は二人目の男の子でした。今年で私は五十五歳になります。考えてみると、私が生まれた年のトメの年齢に近くなっています。

私は兄の義清と違い、おばあちゃん子でした。兄は祖父・義勇の名前の一字をもらっているくらいですから、どちらかというとおじいちゃん子だったかもしれません。

というのも、兄は祖母のトメのお伴をいいつけられると、そっと逃げてしまうことがあり、私はといえば、自分からトメにくっついて歩くようなところがあったのです。

実はそうなったのも、祖母は店のことを、ほとんど美阿子に任せており、母はてんてこまいの忙しさであったので、私が纏《まと》わりついて離れないと「おばあちゃんのところに行ってなさい」と、いわれていたのかもしれません。

私と兄とは六歳違いですから、兄は仲間と遊びに行くほうが楽しかったと考えられます。

そんな私は、毎日のように観音様にお参りし、毎晩のように「火の用心。マッチ一本火事のもと。納税は日掛け、月掛け、心掛け」と、祖母と一緒に小さな声を張り上げていたのです。

こういう生活が何年もつづいていったのですから、私はそのうち祖母より、特攻隊員の名前をしっかり覚えてしまいました。

いま考えても、私は子どもの頃、ほとんど祖母にくっついていました。観音堂ができると、いつもその周りをきれいにしていないと、トメは気がすみません。棒杭のときは、雑草を抜くといっても簡単でしたが、お堂が建つと、その周り全体をきれいにしなくてはなりません。特に夏場にかかると、雑草がふえてきます。知覧高女なでしこ会の代表をしていた永崎笙子さんの「とこしへ」という一文に、このときのトメの姿が書かれています。

「鳥濱とめさんは、朝起きられると一日も欠かさず、南の空へ向かってお祈りを捧げました。昭和三〇年に特攻平和観音堂ができますと、「おかあさん、ぼくの分まで長生きして下さい」と言われたあの特攻隊員の最後のことばを背負いながら、お祈りと清掃に通うようになりました。しかし、寄る年なみには勝てません。足をひきずるような毎日でしたが、とめさんのお詣りはたえることなくつづけられ、全国の人から「特攻おばさん」と呼ばれるようになりました。

特攻平和観音堂のある打出口《うっでぐつ》がたまたま薩南工業高校生の寄宿舎の寮生による、日曜日の早朝マラソンのコースにあたっていました。

寮生は、朝早く体もいとわず通いつづけておられるとめさんとよく出会います。その優しい心根にうたれ、自発的に清掃作業を手伝うことになりました。リーダー格の上級生は毎年卒業していきますが、先輩は下級生にこの作業を引きついでいきます。それがずっとつづいているのです。

毎年、寮生の開く卒業生の送別会には、とめさんも招待されて、それがずっとつづいているのです。

とめさんは、卒業生のひとりひとりに記念品を渡し、在校生にはいくばくかの作業に対するお礼をされていました。ここにも戦前、戦中、戦後三代を生きてきた一人の老婦人と、現代っ子の高校生の清らかな心の交流がつづいていたのです。

とめさんは、いつの時代の若者にも愛され尊敬される不思議な魅力をもった方でした。

とめさんは「あたいがあとをついでくれるわかかしができもした。あたいは、ほんのこて、しあわせもんごわんど」と感謝しておられました」

（昭和五十四年（1979）『知覧特攻基地』）

実はこの話には裏話があります。

この薩南工業高校は、元陸軍病院の建物を使って戦後できたものですが、ここには寮生が大勢いました。鹿児島県には奄美《あまみ》大島、種子島《たねがしま》、硫黄《いおう》島、沖永良部《おきのえらぶ》島など六百を超える島々があり、人が住んでいる島だけでも三十二島もあるのです。

そこからこの工業高校に通うために、島から出てきて寮生になるのでした。この寮生たちが掃除をしに来てくれるようになったのです。

この寮生たちには、当時、日曜日には食事がつきません。そこで手伝ってくれる寮生たちに、ご飯を食べさせてやったのです。

私の四歳から六歳くらいの話ですが、いまでいう黒毛和牛を七輪で焼いて、食べさせてやっていたのです。ちょっとした贅沢な焼肉です。

そこで永崎笙子さんが書いておられるように、寮生から慕われ、卒業式の送別会などにも招待されていたのだと思います。

ともかくトメは、若い人たちによく食べさせてやっていました。大都会と違って娯楽はありません。食べ盛りの若者は、仕事が終われば、食べることだけが楽しみなのです。税務署員も知覧警察の署員も、休みの日になると食べにやってきました。トメはこのときは、タダで食べさせてやり、お金はほとんど受け取らなかったようです。

というのも、冷蔵庫と少し関係があったのでは、という気がします。大型冷蔵庫が出てきたのは、昭和三十年代（1955）後半だったでしょうか。当時、洗濯機、白黒テレビ、冷蔵庫の「三種の神器」が出るまでは、食物を腐らせるか、氷を入れて冷やす原始的なものでした。

恐らくトメは、材料が残っていればもったいないので、それを使って食べさせてやっていたのではないでしょうか。これでは食堂として成り立たないと思うのですが、それより先に、お腹を空かせている若者がいれば「食べやんせ」と食べさせてやりたかったのでしょう。

毎日、語り継ぐ

トメは晩年にさしかかってきました。

五十を越したら「おばあさん」の時代でした。二人目の孫である私を抱いたのは、五十八歳です。

痛む足をさすりながら、それでも食堂に立っていました。しかしこの頃は富屋旅館も忙しかったのです。

そしてここに泊まりに来る客の多くは、かつての特攻隊員の遺族や親族、知り合いでした。これらの方々は、トメから当時の思い出話を聞くのも目的の一つでしたから、トメの存在は重要でした。

トメの記憶力はこの頃になっても衰えず、いつもそばにいて、祖母の話を聞いていた私も、子どもでありながら、いつの間にか、それらの話を覚えてしまいました。

ふつうでしたら、○○軍曹とか××伍長という隊員の名前と記録を覚えるものですが、私の場合は祖母の話を聞いているのと、残された写真を見ていくうちに、まるで会ったことのあるような、いや一緒に暮らして、苦しみを分け合っていた人物になっていったのでした。

私が現在、毎日毎日、特攻隊員の語り部となって語り継いでいるのは、子どもの頃から決まっていたような気がするのです。

かりに祖母のトメが元気一杯の頃の孫だったら、祖母は私を「この大事な話を語り継いでいくように」育てなかったと思うのです。

食堂のおかみの仕事を、私の母、美阿子に任せたからこそ、私にすべての体験談を、話して聞かせる時間ができたのです。

そして丁度私がその話を「もっと聞かせて」と祖母にせがむ年代だったことも、幸いしています。

義勇の先見性と深い愛情

昭和四十年（1965）、トメの夫で私の祖父に当たる鳥濱義勇が、六十八歳で亡くなりました。トメは六十三歳でした。

私はトメがこれだけ全国的に有名になった裏には、先見性をもった祖父・義勇の存在が大きかったと思います。

義勇はお殿様の家系に育ったせいもあって、こせこせとした性格ではなく、大きく物事を見ていました。妻のトメの働き者の性格を知って一緒になっただけに、何事も自由にやらせていたようです。

「必要なときに必要な口と金を出す」という長所は、トメにとって最高の伴侶だったと思うのです。二礼旅館を買い取った金は、義勇の退職金でした。

恐らくトメも、義勇に深い愛情と感謝をもっていたと思うのです。

晩年の義勇とトメ

父なし子として生まれ育ったトメを、嫁として認めなかった鳥濱家に対し、一時は険悪な関係になりながらも、二人の所帯をもった夫の義勇は、当時としては、非常に進んだ考えの持ち主でした。

その後、嫁として認められただけでなく、鳥濱の実家から頼りにされるまでになったトメは、最後の頃は「鳥濱家の一員」であることに誇りを持っていました。

女性にとって、夫が先立つことは仕方のないことです。夫婦の多くは、夫のほうが年上であり、男のほうが平均寿命が短いのですから。義勇の亡くなった年齢は、昭和四十年としては、丁度男の平均寿命でした。

とはいえ、富屋旅館、富屋食堂の二つの店を女手一つで経営するのは、大変だったでしょう。

それだけではなくトメには、特攻観音堂を守るという仕事も大切です。いや、そればかりではありません。この時期には、特攻平和会館の前身である特攻遺品館の開設にも奔走《ほんそう》しなければなりませんでした。

生き残った者の使命として

少し振り返ってみると、昭和三十六年（1961）、特攻隊員として生き残った板津《いたづ》忠正さんが、トメを訪ねてきました。

板津さんは愛知県の出身で、第二百十三振武隊員として三回、出撃命令を受けています。最初の一回は出撃したものの、エンジントラブルで徳之島に不時着し、知覧に戻ってきました。

二回、三回目はどしゃぶりの雨のため、中止になったのです。これ以降の板津さんは、無念と屈辱、慚愧《ざんき》の念にさいなまれる半生でした。戦争が終わり平和がやってきたことにより、一層その思いは強く深くなったといいます。

板津さんは、長らく名古屋の市役所に勤めていましたが、あるとき思い立って、知覧のトメのところにやってきました。このときトメは、「生き残ったということは、神様があんたをこの世に残したということだよ。あんたに〝やりなさい〟とおっしゃっている仕事があるはずなんだよ。よく考えてみなさい」

悩みに悩んでいた板津さんに、一本の光明が灯りました。トメの言葉を天の声と聞いたのです。

名古屋に帰った板津さんは、自分に課せられた仕事は、散っていった戦友たちの名簿を正確に作成し、遺品、遺稿などの所在場所を確認することだ、と悟《さと》ったのです。

昭和四十八年（1973）頃から板津さんはすべての休日を、死んでいった特攻隊員の留守宅訪問に当てています。それと並行して、一通また一通と遺族に手紙を送り、正しい記

石灯籠の前に立つトメ

板津忠正さん(後方)とトメ

録をつくりはじめたのです。

さらに昭和五十四年（1979）、定年を待たずに市役所を退職。それ以降の人生は遺族探しに専念したのです。

この執念は戦後四十年の歳月をへて、まず「特攻遺品館」として実り、さらに現在の「知覧特攻平和会館」に発展しています。

これはのちの話になりますが、トメが亡くなった平成四年（1992）までに、板津さんは知覧出撃隊員のみならず、全陸軍特攻隊員全員の千三十六名の遺影に四名足りないところまで集めたのです。

板津さんは、

「トメさんの生きているうちに、全員の遺影を集めるぞとがんばりました。それが小母さんへの恩返しだと考えていました」

と語っていますが、平成七年（1995）には、みごとに全員の遺影を揃えました。板津さんは「知覧特攻平和会館」の初代館長を務め、自分から来館者に史実を説明する役目も引き受けていました。

トメも板津さんを頼るところがあり、板津さんも、トメの観音堂に慰霊の石灯籠《いしどうろう》を献灯《けんとう》する運動に参加して、遺族たちにも参加を呼びかけていました。

この石灯籠は当初、鳥濱トメの建立した一灯から始まりました。一灯では寂しすぎるということで、次第に数を増していったのですが、遠い地方からも献灯のお金が送られてきました。

トメはそのお金に手を合わせて一灯、また一灯とふやしていったのですが、中には、一灯の建立費に足りない金額を送ってくる遺族の方もいらっしゃいました。

貧しい中から送られてきたことが、手紙の内容で一目でわかります。トメはその足りない分を、そっと加えて建てていたのです。

現在この灯籠は一千個を超えて、まだまだふえている状況です。トメの夢は、いまでも広がっているのです。

第8章

いのちを語り継ぐ

使命を生きる覚悟

受け入れがたい転機

鳥濱家に大きな変化が起こってきました。

富屋食堂が県の道路拡張のため、解体することになったのです。昭和五十年（1975）のことでした。トメは七十三歳になっていました。

トメが行商で蓄えた金と、夫の義勇が銀行から借りたものを合わせて、トメが二十七歳のとき開いた食堂でした。道路拡張工事がなくても立て替えなければならなかったでしょう。

昔の建物だったので基礎がなく、直接柱が土中に埋まっていましたので、移動しようもありませんでした。

もちろん特攻隊員の思い出のいっぱい詰まった食堂ですから、使える材料や部品はすべて取っておき、再建のときに用いています。

食堂の脇を流れている川にも土管を埋設するというわけで、昔の風景はこのとき一変してしまいました。

実は私と兄は一時期、古い富屋食堂の二階に住んでいたことがあります。というのも、私が生まれた頃、裏手に鳥濱家の住まいを新築し、中学生まではそこに住んでいました。

その時期に、祖母のトメは幼かった孫の私と一緒に風呂に入り、毎晩、特攻隊員一人ひとりの話をしてくれたのです。このときの祖母の話、これはまぎれもない実話ですから、これを次の世代に私が引き継がなくては、という気になったのです。もう一種の使命感です。

そんな頃に、大きくなったら、食堂の二階を兄と私の個室にしてあげる、という話が出たのです。実際、これは実現したのですが、イザ住んでみると、刀の傷痕《きずあと》などが柱に残っていたり、結構怖かった思い出があります。しかし、祖母にしてみれば、多くの隊員がやってきた食堂が壊されたので、寂しかったと思います。またすでに七十五歳でしたから、自分の時代は終わった、という思いが強かったでしょう。

念のためつけ加えると、このときの富屋食堂が復元されて、いまの資料館としてのホタル館になったわけではありません。これはずっとあとの話で、平成十三年に復元されたの

復元された富屋食堂

です。

それまでは、いわゆる昭和のモルタル作りの富屋食堂が建っていました。そしてこの食堂は一時、人に貸して経営していたのです。

私の母の美阿子が亡くなったのは昭和五十五年二月四日です。享年五十五歳でした。私が十八歳の高校三年のとき、二週間という余命宣告を受けたのです。目の前がまっ暗になりました。

トメから旅館と食堂を任せられた美阿子はお客さまからとても評判がよく、富屋の料理はおいしいと、おほめの言葉をいただいていました。

しかし陰の苦労は大変だったと思います。トメはすでに町の名士のような立場でしたし、イヤでもいろいろな会合に引っ張り出されます。また旅館には、かつての特攻隊の遺族たちがやってきます。

トメはもう年でしたから、母の美阿子はそれらの方々の接待もしなければなりません。体が二つあっても足りなかったでしょう。それだけではありません。母にはそれ以外にも衝撃的な出来事が、いくつもあったのです。

現在私は次男となっていますが、私のすぐ上、一歳違いで兄がいたのです。この兄は生まれて何ヵ月かで亡くなりました。当時はいまほど医学が進歩していなかったこともあります。

かりにこの兄が健在だったら、私は生まれていなかったかもしれません。もう一人、本当の次男がいたのですが、私の三歳上でした。私が中学二年のとき、この兄は交通事故で死んでしまったのです。まだ高校二年生という若さでした。

このときの母・美阿子の嘆きは悲痛なものでした。私は母に向かって、

「ぼくがお店は継ぐから。お店は継ぐから」

と、一生懸命慰めるというか、なだめました。それしか泣き崩れる母にしてあげることがなかったからです。

私はこのときのショックで、母ががんになったのではと、ふと思うことがあります。

その後母は、私たちの前で泣く姿は見せませんでしたが、相当つらい人生だったと思うのです。だが、いつの間にか、がんが母の体をむしばんでいたのでしょう。

病名は子宮体部がんでした。

最初は枕崎病院に入院していましたが、病状ははかばかしくありませんでした。この母の看病と、万一のときを考えて、日本大学で電子工学を学んで卒業した兄の義清が、東京から知覧に戻ってきました。

この兄の気持ちを考えると、苦しかったのだろうなと思います。恐らく再び東京に戻って、専門の仕事をつづけたかったのだと思うからです。

祖母のトメは、兄を引き止めたに違いありません。そんなトメに、兄は知覧に留まり、この旅館を継いでいくと明言したといいます。

兄だけではなく、私自身も悩みを抱えていました。というのもこの春、東京の大学を受験し、すでに明治学院大学と亜細亜大学に合格していたからです。

父も相当迷ったと思います。私の父は、祖父義勇のあとを継いで、同じくバスの運転手になっていました。祖父の運転免許番号というのが「0000002」というもので、運転手としては鹿児島県で二番目、二人目という珍しさでした。

養子の父はそんな祖父を同じ会社内で見ていたので、迷わずエリートコースの運転手を志したのでしょう。それだけに、母の美阿子に万一のことがあっても、旅館と食堂のおやじになれるわけがありません。

家業を継ぐとしたら、兄か私しかいなかったのです。

私は大学進学をあきらめました。

旅館の仕事といえば、料理ができなければなりません。幸い私は料理をつくるのが好きでしたので、調理師学校に一年通うことにしたのです。

実はもう一人、私には姉・七美がいました。この七美も東京に出て、美容師になっていたのです。店長を務めるほどになっていたのですが、病気の母、美阿子、父の春幸、祖母トメ、そして富屋の経営のため、すべてを投げ出して帰ってきたのです。

人間の運命は一瞬で変わるし、変えられるものなのだと、不思議に思うことがあります。実際には、まだ母は死んだわけではありません。

その後、東京で結婚し、料理屋を開いていた叔母の礼子などの意見もあり、最新の治療法をもつ現在のがん研有明病院に転院しました。そこで抗がん剤治療を行った結果、二年間ほど延命することになりました。

亡くなったのは昭和五十五年（1980）だったのです。

少し前から祖母トメは、一人で歩けなくなっていました。なにしろ七十六歳という高齢でした。

どの本にも書かれていますが、太りすぎてしまったのです。『特攻基地知覧』には、トメを「六十をすぎて、すもう取りのように太ったからだになり、不自由そうであったが」と、著者の高木俊朗さんは描写しています。

六十代から太りすぎたことで、膝と腰が悪くなっていたのです。

こうなると、男手だけではうまく介護できません。本当なら次女の礼子がいてくれれば、トメも安心だったかもしれませんが、礼子は東京で服飾関連の仕事をしたあと、新宿の末廣亭の前で、「薩摩おごじょ」という料理屋を開業していたので帰郷は叶いません。

それで、姉の七美はすべてをかけて、母の看病を続けたのです。

こうして、母・美阿子の入院がきっかけとなり、鳥濱家の孫たち三人が、知覧で一緒に働くことになったのです。

母が亡くなったときは、遺体を飛行機で運び、知覧で葬式をしたのですが、このとき元特攻隊の方々に大勢集まっていただきました。母の美阿子は、元特攻隊の方々とほぼ同じ年齢だったので、仲のよい方も大勢いたのです。

その葬式の最中に、大粒の雨が降ってきました。その雨の中で、最後には皆さんで「同期の桜」を歌っていただいたのですが、まさに母は彼らと同期の桜だったと思います。

この母が亡くなったことで、食堂のほうはとりあえず人に貸して、私たちはひとまず旅館のほうに専念することになりました。

トメと石原慎太郎氏との出会い

トメは美阿子の亡くなったあと、めっきり体力に衰えがきました。杖も一本では足らず、二本の杖にすがって歩くまでになりました。

この時期のトメの楽しみといえば、昭和五十年（1975）に町で建設された特攻遺品館が、特攻平和会館として、充実した姿になることだったかもしれません。

昭和二十九（1954）年から始まった「知覧特攻基地戦没者慰霊祭」は年々充実し、トメは欠かさずこの慰霊祭に出席していました。

昭和二十一年（1946）にトメが始めた棒杭参りから四十一年後の昭和六十二年（1987）二月、あの荒地だった飛行場の跡地に、現在の特攻平和会館がオープンしたのです。

これによってトメの悲願だった、日本国のために散っていった無垢な少年飛行兵の魂を癒《い》やす場ができたのです。

もうトメは、自力でお参りすることはできなくなりましたが、車椅子だったらできます。このオープンの祝典にも、トメは車椅子で出席しましたが、大勢の人たちからの言葉を受けながら、心の中では「長い間お待たせしてしまったなあ」と、亡き兵士たちに語りかけていました。

一人の人間ではできそうもなかった夢を、トメは女でありながら実現したのです。私は現在、毎日毎日、頭の中にトメの言葉を反芻《はんすう》しながら、特攻兵士一人ひとりの生きざまを語り継いでいます。

丁度この頃でしょうか、当時、運輸大臣だった石原慎太郎さんが、祖母のトメに会いにやってきたのです。鹿児島県に何か用事があったついでに訪れたのでしょうか？

運輸大臣ともなると、公務以外で時間が取れないでしょうから、その合い間を縫って、車を飛ばしてきたのかもしれません。

ところがトメは、せっかくやってきた石原さんに、

「まずなにより先に、観音堂にお参りしてからにしてください」

と、一旦断ったのです。

ふつうの大臣でしたら、この言葉に怒り出したかもしれませんが、石原さんは「さすがに特攻の母だ」と、かえってトメを信頼し、もう一度引き返して参詣してから、再度富屋食堂にやってきたのでした。

トメは東京から来るマスコミの人たちや官庁関連の人たちに、あまり好意的ではありませんでした。中には最初から軍国の母だという観点から話を聞こうとするので、そっぽを向くことさえあったのです。

しかし石原さんだけは好意をもち、いろいろ話したのです。

石原さんものちに雑誌に、

「かつてあの若者たちがたむろした家の二階でトメさんの話を聞きながら、私は知らぬ間に正座したのを覚えている」（『Ｖｏｉｃｅ』）

と書いていますが、トメにはその態度が気に入ったのでしょう。

その後も石原さんはトメを訪ね、食堂で粗末な食事を振るまわれたり、一緒に観音堂にお参りに行っています。

このときトメの話から想を得て、二〇〇七年に公開された「俺は、君のためにこそ死ににいく」という映画を製作されたのだと思います。

この映画では鳥濱トメに岸恵子さん、私の母・美阿子には勝野雅奈恵さん、礼子には多部未華子さんが出演されました。トメも美阿子も、そして叔母の礼子も、この映画の公開時期にはすでに亡くなっており、私だけが残っていたのでした。

知覧茶屋のオープン

富屋旅館は兄が結婚したことで女手もでき、ようやく順調に回転し出しました。また曾孫も二人生まれたので、トメも癒やされていました。

その頃、知覧の町ではせっかく平和会館を完成させたのだから、ここに食堂を開けば観光客もふえると考えていました。というのも、現在とまったく違って、広大な土地の真ん中にポツンと平和会館が建っているような有様だったのです。

その横には特攻観音堂がありましたが、ともかく大勢の人が来ても、休む場所もありません。

そこで知覧町長が、この知覧茶屋の建物を作り、借り手をさがしていたのです。いまはこの地域一帯は舗装されていますが、当時は人が歩けるような道もないくらいでした。

そんなわけで、この話は少し前から祖母のトメのところに来ていたのかもしれません。私

知覧茶屋

が知覧茶屋を創業することになったのです。

そのとき私は二十八歳でした。考えてみると、祖母のトメが知覧の町はずれに富屋食堂を開いたのも、同じ年頃の二十七歳でした。

店というのは繁華街につくるものと、こういう未開の土地に開くものと、二通りの方法があると思うのですが、私はこの土地がとても似合うと思ったのです。

それというのも、ここには祖母の願いが叶って建立された特攻観音堂があります。それも私は、小さい頃から祖母に連れられて、この観音堂にお参りに来ていました。

「運命に引き寄せられる」という言葉があるようですが、まさに私はこの言葉のように、知覧茶屋を開く運命にあったように思うのです。

祖母もとても喜んでくれました。

私は大学進学をあきらめて、一年間、調理師の学校で勉強しましたが、そのあと横浜のフランス料理の店で修業しました。そして鹿児島に戻り、飲食街である天文館でイタリア料理を勉強していました。

日本料理は、小さい頃から母の美阿子にくっついていたものですから見よう見真似で、作れるようになっていました。一応どんな料理でもできるのが、店の創業に役立ちました。

しかし中でも私は、祖母トメの料理とその味を、この店で再現したかったのです。

この店は「特攻おばさんの店　知覧茶屋」となっているので、まず地元のお客さんが可愛がってくれました。それに平和会館にいらっしゃるお客様が寄ってくださるようになり、そうなると、周りに次々と店舗が開かれて、いまでは知覧町の観光スポットになった感があります。

勝又さんがくれた三十年分の命

「いいことがあれば悪いこともある」ということわざがあります。「禍福《かふく》はあざなえる縄のごとし」ともいわれますが、実はこの少し前、トメは風呂場で熱いお湯の中に落ち、危うく大火傷《おおやけど》をするところでした。

この日は私が祖母の面倒を見て、洗い場まで連れて行ったのですが、お風呂の温度に気付かなかったのが大失敗でした。トメは足の自由が利かないため、お湯が沸き過ぎていることを知らずに、落ち込んでしまったのです。

トメの悲鳴ですぐに駆け付けたため、大事に至りませんでしたが、私たちは祖母をどう扱うかで、深刻な事態に直面したのでした。

介護士をつけるか、あるいは老人ホームに入園してもらうか、兄夫婦と私はいろいろ話し合ったのです。そして出た結論が、枕崎市にある特別養護老人ホーム南方園に入園させようというものでした。ここでむずかしかったのが、特攻の母としてすでに有名になっている祖母を、老人ホームに入れてもいいのかどうか、という点でした。

元特攻隊員や遺族の方々、あるいは町の人たちも「家族が冷たい」と思われないかどうかも、重要な点でした。トメは私たち家族の祖母でありながら、それだけにとどまらない存在になっていたのです。

トメは八十五歳になっていました。その年齢で果して、老人ホーム暮らしを本人が受け入れてくれるかどうかも、難問でした。

とはいえ、このまま家にいれば、再び同じような事故を起こさないともかぎりません。家族の最終案がまとまると、これを叔母の礼子がトメに説明することになりました。礼子にはトメの大事ということで、東京から帰ってきてもらっていたのです。

こうしてトメには、南方園に体験入園してもらうことになったのです。トメは私たち家族の考えをよく理解してくれて、体験入園からこのままずっと、老人ホームに厄介になる、といってくれたのです。

このニュースは、人伝《づ》てに全国に流れていき、多くの人の知るところとなりました。過分なお見舞いや励ましの手紙、さらには直接、南方園に行かれる人もいて、南方園でも困る日々がつづいたようです。

それでもトメはこの老人ホームで、五年間過ごしました。

車椅子に乗った元気な姿が写真に何枚も残っていますが、家族だけでなく、見舞客が多かったのも、よかったのではないかと思います。人は寂しさに耐え切れません。

ましてトメは若いうちから、人の大勢出入りする食堂と旅館を経営していたのです。そしてさらに重要なことは、わが子とも呼ぶべき大勢の特攻隊員たちに取り囲まれていたのです。

恐らく一生を通して、トメほど大勢の方々と話を交わした女性は、日本国内でも珍しいのではないでしょうか。八十歳を超えても、それがつづいていたのですから。

正直なところ、孫の私たちでも驚くほど、祖母トメの生命力は強靭《きょうじん》でした。

日頃からトメはよくいっていました。

「私は勝又さんから三十年分の命をもらったのだから、長生きするよ」

勝又さんとは、特別操縦見習士官二期生だった勝又勝雄少尉のことです。

学徒動員で飛行士官を志願し、知覧の飛行学校にやってきました。彼はこの学校の生徒であった頃、よく町の小学校の運動会などに参加して、その明るい性格で町民に親しまれていました。

その間、勝又少尉は富屋食堂にちょくちょくやってきていたので、トメも可愛がっていました。彼は一年で卒業すると、赴任地へと去っていきましたが、昭和二十年のある日、ひょっこり食堂にやってきたのです。

この時期に食堂に顔を出すとすれば、それは明日にも沖縄に出撃するかもしれない、ということです。

トメにとって、再び会えたことはうれしいのですが、そのうれしさを上回って、悲しみのほうが大きいのです。

案の定、勝又少尉がトメのところにやってきたのは短い期間でした。その夜、迎えに来た軍のトラックに乗る寸前に、

「小母さん元気で長生きしてください。ぼくは人生五十年の半分にも満たない、二十年で死んでいきます。残りの三十年分の命は小母さんに上げるから、必ず長生きできるよ」

といい残して去っていったのです。

トメは、この勝又さんの言葉を信じていました。

それは当然でしょう。母として、子どもの遺言ともいうべき言葉を信じない人はいません。もしかするとトメは、毎年一年の年末になると、

勝又勝雄少尉

「勝又さんありがと。またあなたの命の一年分をいただきましたよ」

と、心の中で感謝していたかもしれません。

もう一度帰ってきたホタル

平成四年（1992）に入ると、トメの尿に血がまじりはじめました。もう八十九歳になっていました。すぐに系列の病院に移され、本格的な治療が始まりました。

しかしこの年齢で病気がよくなることは、ほとんど考えられません。それでもなんとか腎疾患の進行を止めようと、病院側は必死で努力してくれたのです。しかし、ベッドサイドにぶら下がる、尿を受ける透明のビニール袋の色の赤味は、なくなることはありませんでした。

三月が過ぎ、この病院の庭の桜も咲きました。トメは私に「慰霊祭に出たい」と、うわごとのようにいいつづけました。

慰霊祭は五月三日です。私はトメの耳に口をつけるようにして、

「出られるよ」

と元気づけました。

トメは満開の桜をじっと見つづけていました。

桜とトメとは、切っても切れないものがあります。特攻隊の隊士たちが、ことある毎に歌っていた「同期の桜」は、トメも一緒に歌っていました。

それだけではありません。知覧から最初に出撃した第20振武隊に向かって桜の枝を振ったのは、次女の礼子たちでした。

そして富屋食堂の脇を流れる麓川には、毎年桜の花がらんまんと咲くのでした。

トメの混濁《こんだく》した頭の中では、桜の花が咲きつづけていたのかもしれません。その桜の花が散って若葉に変わる頃、トメは、私と東京からやってきた礼子に向かって、しきりに手を合わせて拝む様子でした。それが毎日つづくのです。

私たちは、なんとかトメの動作を解読しようとしました。そしてようやくハッと気がついたのです。これは観音堂に向かって拝んでいる、いや、拝みたいのではないか、と思っ

たのです。

富屋には特攻観音像のレプリカが祀ってあります。トメは荒天などで観音詣でのできない日には、この観音像を拝んでいました。

さっそくその観音像を病室にもってくると、トメの目が輝いたではありませんか。心なしか頬にも赤味がさしています。

「お母さん、これが欲しかったのね?」

礼子の言葉に、トメはうなずくようでした。

さっそくトメが眺《なが》められる位置に安置すると、顔が安らいでくるのが、はっきりわかったほどです。

それだけではありません。医師も驚くほど、尿の色から赤味が消えたのです。観音様のお力と、観音像の胎内に入っている特攻隊員全員のお名前の威力だったのではないかと、私は思いました。

しかし、間もなく再び病状は悪化し、平成四年四月二十二日の夕刻、トメは帰らぬ人となったのでした。享年八十九歳十ヵ月で、あと二ヵ月で九十歳になるところでした。

トメは昭和六十二年七月に枕崎市の南方園に入園して以来、四年九ヵ月ぶりに懐かしい富屋旅館に戻ってきました。

その途次《とじ》、兄の義清と叔母の礼子は、トメの遺体を運ぶ車を、観音堂に横づけしました。最後の別れをさせてあげたいと思ったのです。

礼子はトメの顔を覆っている白布を取りました。その瞬間、礼子は驚きのあまり、塑像《そぞう》のように固まってしまいました。

上を向いて安らかな顔をしていたのが、なんと！　半ば反り返るように観音像のほうを向いていたのです。義清もこの現象をはっきり確認したといいます。

不思議はこれだけではありませんでした。

家に帰って遺体を安置し、急を聞いて駆けつけた親しい人たちに、最後の別れをしていただこうと、再び白布を取ると、今度は真っすぐ上を向いていたのです。

白布をもったまま、礼子は息も止まりそうだったと、いっています。

そして不思議は三度つづいたのです。その三回目は、姉の七美と私が一緒にいるところで起こりました。

晩年のトメ

「特攻の母、鳥濱トメ死す」のニュースは、この夜のすべてのメディアで報道されました。これにより近隣の弔問客《ちょうもんきゃく》だけでなく、報道陣も殺到し、この夜はたいへんな騒ぎになりました。記録では、二千人近くの方々がやってきた、となっています。

やっと一段落したのは、すでに深夜になっていました。まだ手伝いの人たちが残っている座敷で、姉の七美と私は熱いお茶をいただこうとしていました。

するとそこに、一匹のホタルが、弱い光を発しながら飛んできたのです。そしてトメの遺体の置かれている部屋に向かい、そのままいなくなったではありませんか！

そのホタルは、トメの遺体を照らしている電灯の先にまぎれて、あるいはまだ飛んでいたのかもしれません。しかしホタルの光は、遺体のところで消えたのでした。

「見た？」

「見ましたか？」

七美と私は、同時に声を発していました。

ホタルの発生は、例年であれば五月下旬からです。宮川三郎軍曹が富屋食堂にホタルとなって帰ってきたのは、六月六日でした。

私が子どもの頃の麓川は、金魚草がユラユラ揺れているのが、はっきり見えるほどきれいな川でした。ホタルは清い水に棲む、といわれますが、この時代はそれほどではなくなっていました。

では、このホタルは幻だったのでしょうか？

私はそうは思いません。

もしかすると宮川軍曹がトメを迎えに来たのかもしれませんし、あるいはトメ自身がホタルとなって、彼らのところに飛んでいったのかもしれません。

最期の瞬間までトメは、特攻の母としての生をまっとうしたのです。

記念館として富屋食堂を残す

平成七年（1995）、富屋旅館を経営していた兄の義清が交通事故にあい、二人の子どもと妻を残して、この世を去りました。すでに私の父の春幸も、母の美阿子のあとを追うように、この世を去っていました。姉の七美は、横浜で美容室を経営し、知覧に残る孫は、私一人となってしまったのです。

そんなときです。平成十三年（2001）の十月、知覧の町役場から、富屋食堂の入口に面する通りを、拡張する計画がもち上がりました。

たしかにこれまでの道は、車がすれ違うにしても狭すぎました。知覧の町の発展のためにも非常にいいことですが、問題は食堂をどうするか、です。

旅館は別の道に面しているので、とりあえず問題ありませんが、食堂は祖母トメの思いがこもっており、そのまま取り壊してしまうわけにもいきません。

それまでの食堂は、モルタル造りに改築して他人に貸しており、特攻隊員たちが夜やってきた当時のものとは異なっていたこともあり、道路拡張をチャンスに、もう一度以前の食堂に戻して、復元するという方法もありました。

とはいえ人手がありません。礼子は東京・新宿で「薩摩おごじょ」という料理屋を出しているのです。これを畳んで帰るわけにはいきません。

私は「鳥濱トメの店」という形で、知覧茶屋を出しているだけでなく、トメの遺志を引き継いで、語り部としての日々もつづけていかなくてはならない立場でした。

　こうして叔母の礼子と二人で出した結論が、トメと特攻隊員にまつわる記念の品を展示する資料館として残す、という案でした。

　幸い、前回の解体のときに、できるかぎり、旧食堂の資材を保存しておいたことで、ほとんど旧屋のまま再建できます。

　とはいえ資料館をつくったとして、果たして訪れる方々がいらっしゃるかどうか、でした。このとき礼子と私は、毎月いくらずつか出し合っていけば、つづけられる、と計算しています。

　それは、万一継続できなくなると、トメの名に傷がつくだけでなく、トメをおかあさん、小母さんと慕ってくれた多くの特攻隊員を悲しませることになるからです。

　幸いというか、トメは軍の検閲を受けていない、一人ひとりの本心を綴った貴重な手紙や資料の類いを、豊富に保存していました。

　出撃直前の心情を書いた手紙など、涙なしには読むことができませんが、これもトメが、厳しい戦時下の検閲があったにもかかわらず、大切に保管してくれたからです。

おかげさまで、この「知覧ホタル館」には、年間何万人という方々が訪れています。トメもさぞかし喜んでいることと思います。

この犠牲を無駄にしてはならない

私はこの本を書くに当たり、少しずつ失われていく特攻隊の思い出の地を何度も歩いてみました。

かつてこの知覧の山には、美しい松林が繁っていました。いまでは、その松の木を見るのも珍しくなっていました。それというのも、戦争中に松の木の根から油を取って、飛行機の燃料の足しにしていたからです。

この松林の代わりに、杉の木立がうっそうとしています。

特攻隊の隊員が出撃するまで起居していた三角兵舎の位置も、次第に景色が変わってきました。

礼子のクラスメートだった永崎笙子さんの「三角兵舎」という文章を読むと、「知覧基地の兵舎は、飛行場周辺の松林の中に散在していました。半地下式、木造のバラック建てで、屋根の上には大きな木が横倒しになって擬装されていました」となっています。

現在この三角兵舎は、知覧特攻平和会館の脇の模型でしか、私たちは見ることができません。しかし実際の内部は、模型とは大きく違っていました。

そこを笙子さんは、次のように書き残しています。

「一夜の雨露さえしのげればいいような粗末な造りで、風通しも悪く、中はいつもじめじめとしていました。(中略)隊によっては、シラミのわいている人もいました。隊員の方々は『ホワイトチューチュー』などといって、別に気にとめる様子もないようでしたが、私たちは初めて見るシラミに、体じゅうがむずがゆくなりました。マフラーの折り目や、肌着の縫い目にじゅずつなぎになっているシラミを指先でもみ出して石でつぶしたり、煙の立ちのぼるのを気にしながら、空襲の合間をぬって煮沸したりしてから洗濯場ですすぎましたが、そのたびに気味が悪くなり、背筋の寒くなる思いでした」

貴重な証言ですが、これをトメの側から書くと、そんなシラミがぎっしりつまったシャツを着た隊員に、トメは風呂まで入らせていたのです。

現在の人の中には、シラミそのものを知らない方もいるでしょう。ノミは一匹ずつですが、シラミは集団ですので、その怪奇な姿を見ただけでもぞっとします。

「特攻隊員の世話をしつづけた」と一言でいいますが、隊員の中にはきれい好きもいたでしょうし、不精な人もいたでしょう。明朝出撃するというのに、静かに詩集を読んでいた隊員もいました。

反対に酒で気分を落ちつかせようとした人、酒乱に陥った隊員もいたことでしょう。私が戦後住んでいた二階の部屋に残っていた刀痕は、不安が高じて、暴れたときのものだったかもしれません。

彼らはどんな思いで富屋食堂から、松林の中の三角兵舎に戻っていったのでしょうか？

叔母の礼子は知覧高女の三年生、十五歳でしたが、光山文博少尉や勝又勝雄少尉など、その名を残した隊員ではない方々の横顔を記しています。（原文ママ）

中原少尉
隊長さん。家でよく遊んでいらつしやつた。筒井さんに似ていらつしやつた。下平さん達と一緒に攻撃に行かれたけど、飛行機がわるい為かへっていらした。其の次、雨の降る日に行かれた。宮川さん達と行かれたけど、宮川さん達は帰って来る。出撃五月二十八日

横山少尉
中原隊長さんと友達。一度出撃されたけど大雨の為引返す。出撃五月二十八日

市川少尉
横山さん達と一緒に出撃。「スドウ少尉」と一しよに。出撃五月二十五日

下平軍曹
昨年、窓原さん達と一しよに知覧へいらつしやつた。毎日、家へいらつしやる。「陸軍

空の特攻隊」の歌を友、田中さんと二人で一日中、うたっていらつしやつた。出撃五月十一日

田中伍長

下平さんと一しよに出撃。お別れの時、見送りに行つた。隊長さん達より、一足先に行かれた。知覧へ昨年、下平さん達といらつしやつた方。出撃五月十一日

市川伍長

島さん達と一しよだったけど、飛行機が悪いため引返し、一人ながい間何時もたのしく遊んで下さった。別れの夜、自動車の上から最期の言葉は「とうとう礼ちやんの踊りは見られなかつたね」と云はれてお別れした。出撃五月二十八日

益子伍長

出撃五月二十五日

浅見伍長

よく二階で〝チクオンキ〟をかけなさる。ネコをこはがり、逃げるのをおつかける。ネコといつただけでも、こはがる人だった。出撃五月二十八日

長吉伍長

知覧教育隊の時、生徒としていらっしゃった。十一期少年飛行兵。三角兵舎に奉仕に行つた時は、森スミさん達の班。福岡に飛行機を取りに行かれた時も手紙頂く。出撃

河井伍長

二〇歳。思ひ出は「おやぢと坊や」。河井さんには皆が、ぼうやぼうやとよんでゐた。おやぢと坊やは年は同じ二〇歳である。けれど坊やは可愛いゝ顔していらした。おやぢと坊やは何時も二人、離れない。二人は家のはなれに寝ころんでゐた。何時だって。河井ぼうやは、今頃沖縄の海でさびしいことでせう。おやぢは飛行機が悪いため、坊やの所へはまだいけない。何時もいつも、おやぢは坊やの所へ、行きたい行きたいと云ってゐる。坊やとも、幾日間と云ふ日を楽しくあそんだ。時には、おやぢと坊やは口争いもした。思ひ出のおやぢと坊や。出撃六月八日

宮川軍曹

二十一歳。血染めの鉢巻を差上げる。出撃前夜は空襲警報があり、防空ごうに二、三回はいつた。六人位。ゆうれいのものまねしてこはかつた。形見に万年筆をもらふ。出

撃は大雨の日だった。出撃六月六日

滝本伍長

二十歳。北山ノブちゃんによく似ていらつしやる。姉と同じ年、形見に航空時計をもらふ。

河崎伍長

第一次総攻撃の時から知覧にいらつしやる。宮川さん、滝本さんと仲のよい人。奉仕では前田さん達の班。

松本軍曹

真太治さんは、中島さんと仲の良い同期生。松本さんが攻撃に行くというので、中島さんは、手が痛いのに一しよに行きたいと云つて一しよに行かれた。何時も家から出ない人。出撃六月三日

中島軍曹

母が子供の様に可愛がつてゐた。中島さんは昨年輸送の為、一度知覧にいらつしやつた。若いのに口ヒゲをはやして、片手を傷つけていた。白いホータイが目にうかぶ。出発

の折は、まだ手はホータイのまゝだつた。出撃六月三日

伊藤軍曹

出撃の前の日迄家でよくあそんだ。手紙をよく書く人だった。何時も筆を、はなさなかった。毎晩、毎晩おそくまで、毛筆で御両親や友達に書いていらつしやつた。最後の夜、「明日の夜中の二時、白いマフラをかけて、入口から手紙を書く準備をしてはいつて来るから、その時はおそれずよく遊んでね」と云はれて攻撃に行かれた。出撃六月三日

河野少尉

熊本の方。最後の夜、尺八で二十曲ぐらゐ特攻隊歌を。夜空をみながら。おとなしい方だった。尺八を愛機に乗せて突入するのだ、といつていらした。出撃五月四日

(六五戦隊）一中隊、二中隊、三中隊

○二中隊

池田曹長

田中ちゃんに似た人。無口な人。

村上曹長

別れの時、しっかり頑張ってくれと云はれた人。よきお兄様。

中曹長

色の黒い人であまり口を気かない人。小さい方であった。

市原曹長

面白い人。ナツミカンのあだ名。よく戦争の御話をして下さる。

夏目軍曹

何時も黄色いマフラーをしていらつしやる。寺師さんのお兄様に似ていらつしやる。こつけいな人で、一番話をして下さる。ホワイトチューチュー（しらみ）が居て洗濯にこまる。

斎藤軍曹

無口な方で、徳之島で海におちる。行かれる前の夕方は、私達のそばを離れない。知覧教育隊出身、大刀洗十一期生。

今村軍曹
斎藤さんと一しよに。
小林伍長
ぼつちやんのあだ名。見ただけでは、ぼつちやんみたい。だけど話するとお兄さんみたい。
権藤伍長
背の高い人。面白い人。ヤキユウの真似をする。あだ名文ちやん。福岡出身。
三浦伍長
あだ名チビちやん。小さい人。ちよこちよこしてゐる。小さいのに、何をするにも大きな人達の上手を行く。

〇三中隊
渡辺曹長
無口な方。

佐々木曹長
何時もひひ………と笑っていらしやつた。高城さんが面白いことを云つた「三浦さんはおそろしい」
渡辺軍曹
あだ名、マンザイのおとつちやん。一番思ひ出深い。年を取りおちついた方であつた。自分から〝おとつちやんがおとつちやんが〟といつてをられた。通信を書いて教へてくれた。最後の言葉に「ハブラシ工場」。私達がハブラシ工場を教へてといふと、西庄にきけといつていらした。写真を一枚おいて出発。桜花と共にあの見送った日が最後だつた。
黒田軍曹
アコデオン。徳之島に一ケ月不時着。
阪場軍曹
色が黒く、鼻声の方。知子ちやんのマスコットを持つて行く。
坂口伍長

ぼつちやん。飛行機の絵をよく書いて下さつた。上手だつた。おとなしい方で、女学生はお兄様と呼んでゐた。渡辺さんと共に行き帰つて来なかつた。桜花を手に持つて行つた。

松本伍長

とてもとてもこつけい千万。「さうですか」「さうですとばい」「なんですか」の言葉が多く、一人違つた調子。

西庄伍長

川辺の大坪よしかさんに似て居らした。それで〝よつちやん〟とよんでゐた。何時も〝俺は行つたら帰つて来ない〟と云ふのが口ぐせだつた。思ひ出に金のマスコットをあげた。これと共に体当たりだ。〝やはり一人では淋しいからな〟と云はれた。

松原伍長

あだ名マツカサ。頭が大きく、ぼうしはちよこんと頭にのつている。

持伍長

無口でもはん生。空襲の時は手をつないで松林に逃げる。

（一〇三戦隊）
将校室　東条少佐　清見大尉　片山中尉
出口少尉
兵舎に行かなくなる三日前、不時着して帰つて来る。
古橋少尉
子供好きな方。帰る時は何時もトラック迄見送りに来て下さる。
大道少尉
おしやれさん、青いマフラーがよく似あふ方。
田辺少尉
妹のやうに可愛がつて下さつた方。笑ふ時は目をほそくして、女のせない戦闘機の歌が大好き。
中村少尉
トランプをしてよく遊ぶ。洗濯が多い方。
山崎少尉

子供好き。面白い言葉、ガンスイ、グラマン、ドーモス、マイドノコ、ケスリバチ。

西山曹長

前は金歯。やさしい方。何でも知らない事をくはしく教へて下さつた。

深田曹長

何時もお酒をのんだ様な赤ら顔。「とりはまさん」と大声で呼ぶので耳が痛くなつた。背中のまがつた小さな人。

大志真曹長

尺八上手。出発の時は、何時も最期の一曲といつて松林で一曲。

森本曹長

酒をのんだ様な人。知覧の町へ行くと云つて一しよに自動車に乗つて。いつぱいだつたので「先生はのらないで歩いて来い」と云つてはづかしかつた。沖縄方面に行つて帰つて来ない。その日だけ見送りをしなかつた。帰つて来たらナゾの話を聞かせると出撃。

古橋軍曹

顔の小さい人。家にも二回いらつしやつた。新田さんと親友。たつえさんの日の丸の旗を背中につけて行つた。徳之島へ行く。途中グラマンと空中戦。死なれたか生きていらしやるか今日迄わからない。

新田伍長

小さく可愛いゝといつたほうが似合ふ。顔の横にきずがある。最後の十八日は、セントウシキ所へ行つていらして、お別れのあいさつも出来なかつた。親友、稲田さん。私達は、みつちやんと、とよちやんとよぶ。

渡辺伍長

小さい小さい人。二回も不時着、無事帰つて来られた。思ひ出す最後の一曲「別れ出船」、ハーモニカでとつても上手。女学生に「別れがつらいね」と、あふたびに声をかけてをられた。

稲田伍長

徳之島へ行かれて帰つて来られぬ。十八日迄は、出発の時クリームをつけて行かれた。女学生にプンプンにおひがすると笑はれる。別れの日は写真を下さる。

礼子はこうして五十有余人の特攻隊員の名前と横顔、出撃日を、可能なかぎり記録して残しています。それはまた祖母のトメとは異なる体験であり、女学生の目で見たままの姿です。その意味では、鳥濱トメは「特攻隊の母」でしたが、私の母・美阿子と叔母の礼子も「特攻隊の姉妹」と呼んでいいのかもしれません。

それだけに私は一生をかけて、これらの誇らしい家族の証言を伝えていく覚悟です。

最後になりますが、これらの若者たちに死を命令した司令官たちは、

「けっしてお前たちだけを死なせない。最後の一機で必ず私はお前たちの後を追う」

といっていながら、部下に対しての約束を破り、その多くが生き残りました。海軍の司令官は、終戦の報を聞いたあとで、一人で行くべきを、数十人の部下を連れて沖縄の海岸に突入しております。

彼ら陸海の司令官の命令がなければ、前途有為な数千名の若者の命が、散ることはなかったのです。そういう教訓を含めて、知覧の悲劇を語っていきたいと思うのです。

それこそが祖母トメの終生の願いだったのです。

おわりに

トメの生まれた坊津はかつて、伊勢の安濃津《あのつ》、博多の那の津《なのつ》と並んで、日本三津《しん》と称された、中国や南方諸国の受け入れ口となっていました。

「津」とは、港、停泊地を指しますが、トメの性格の中には「黎明《れいめい》期にあるものは逃がさない」という非常に新しいものがありました。

もしかするとこの性格は、文化をいち早く取り入れた港町、坊津に育ったことによって貯えられたものかもしれません。

当時は国の専売だった煙草《たばこ》屋に目をつけて、いち早く権利を得ていますし、警察の留置場弁当も富屋食堂として、最後まで毎日届けていました。

私は子どもの頃から、その弁当を、風呂敷に包んで警察署まで運ばされています。

昭和二十五年（1950）といえば、まだ日本は敗戦処理の途上にあり、本格的に立ち上がれることができるかどうか、まだ不安の中にいる時代に、トメは早くも納税の大切さ、青色申告の重要性を見抜いていています。

わが祖母ながら、すばらしい経営感覚だと思うのです。

一見すると、田舎の食堂のおばさんですが、その度胸、胆力といい、金のつかいっぷりのよさといい、多くの若者を引きつける魅力といい、仮に祖母が戦後に大都会に出ていたら、すごい経営者になっていたのではないかと思うことがあります。

また観音信仰も深いものがあり、最後に書きましたように、奇跡も見せて逝っています。

坊津は中国の高僧鑑真《がんじん》が、六回目の遣唐使船で上陸した土地です。

鑑真はそれまで五回も日本上陸に失敗し、遂に疲労などから盲目になり、ようやく、坊津に上陸して、奈良に向かいました。唐招提寺《とうしょうだいじ》は鑑真が遷化《せんげ》されたお寺ですが、坊津にも記念館があります。

こういった歴史をもつ坊津の出身だけに、知らずしらずの間に、強い信仰心をもったのでしょうか。

鳥濱トメに関しては、これまで単行本、写真集、映画、ドラマだけでなく、雑誌やパンフレットに至るまで、さまざまな形で書かれてきました。
私と叔母の赤羽礼子が取材に応じて書かれた『ホタル帰る』の中では、赤羽礼子と共著者の石井宏さんが「あとがき」で、こう書かれています。

「折から撮影が進行中の映画『ホタル』のポスターが店に貼ってあった。この映画は赤羽礼子さんの母で、〝特攻の母〟とうたわれた鳥濱トメとホタルになって帰ってきた特攻兵士の宮川軍曹や光山少尉などの話にヒントを得て、自由に書きおろした脚本によっている。ひとしきりそれらの話題を中心に話がはずんだ。だが、そこでの話では、これまで鳥濱トメについて書かれた記述には、誤りが多いということがわかった。その一半の責任は鳥濱トメ自身にもあるという。なぜなら、新聞やテレビ、フリーライターなど、およそジャーナリズムに関係する人間を晩年のトメは極端に嫌い、そういう人たちには口を閉ざして語ろうとしなかったし、かりに何かを語ったとしても、いい加減な返事しかしなかったからである（後略）」

祖母は軍国主義者でもなければ、戦争の讃美者でもありません。しかし、祖母トメの通ってきた道は戦争の真っ只中にあり、周りにいた方々は全員といってよいほど、軍関係の人たちでした。

口を開けば、軍曹とか少尉という肩書の名前になってしまいます。マスコミの中には、その軍隊用語を聞いただけで、トメを勝手に戦争好きの女に仕立てたことも、一再ならずありました。

私自身もこれまで、祖母トメから託された思いを、ずっと語ってきましたが、それだけで「特攻隊で食っている」といわれたこともあります。

そこで今回、敗戦から七十年目という節目に当たって、私自身が真実を書き残すべきではないか、と決意したのです。

この七十年目の節目は、他の節目より重要です。なぜなら当時十七、八歳で生き残った特攻隊員たちも、八十七、八十八歳という高齢になっているからです。

現在、毎年五月三日には知覧特攻平和観音堂前で「知覧特攻基地戦没者慰霊祭」が行われています。

平成二十七年（2015）には第61回の慰霊祭となります。

ここで念のためにいえば、戦後七十年でありながら、この慰霊祭は九回も少ない。それはこの慰霊祭がトメの請願が通り、特攻観音が建立された昭和三十年（1955）が第一回となっているからです。

この慰霊祭には毎年、特攻隊員遺族代表だけでなく、少飛会（少年飛行兵）と特操会（特別操縦見習士官）の代表も挨拶されます。

七十年目の節目には、それぞれの代表の方々も、元気でお見えになることでしょうが、十年後の八十年目となると、どうでしょうか。

そう考えると、敗戦七十年目という節目は、もう二度とない機会です。この機会に私は、祖母トメの真実の姿を知ってほしい、私の知っている祖母を、真実のまま書くので、多くの方々に読んでほしいと思いました。

私自身の身の上については、本文中にざっくばらんに語らせていただきましたが、トメの孫としては、現在私一人しか知覧におりません。

そしてトメから戦争の恐ろしさ、特攻攻撃の悲惨さ、残された遺族のつらさ、そして誰よりも何よりも、明日、沖縄の海目がけて死の旅路につく少年たちの悲痛さを、じかに祖母から聞いたのは、私ひとりしかいないのです。

最初にも書きましたが、トメを祖母にもった私は、これらの話をして生きていく以外、道はありません。

祖母トメの言葉に、

「人の縁を大事にしなさい。人と人は必ずどこかでつながっている。一度別れても、いつかまた出会うもの。だから出会いを大切にすると、いずれその出会いがあなたを助けてくれる」

というものがあります。

これは仏教の基本だと、人から聞いたことがあります。トメは無学でしたので、むずかしいことを知っていたわけではないと思います。

もしかしたら私は、この言葉は、ホタルになって帰ってきた宮川軍曹から、祖母が思いついたのではないか、と思っています。

この伝記ともいうべき一冊を書くとき、最初に悩んだのは、トメの言葉を標準語で書くべきか、トメの語ったままの言葉で書くべきか、というものでした。

本当ならトメの鹿児島弁で書くと、祖母らしさが出ると思ったのですが、それだと一つ一つに標準語の訳をつけないと、まったくわからないのです。

一例を示せばトメらしさが出るのは、こちらでしょう。

「あたいがあとをついでくれるわかかしができもした。あたいは、ほんのこて、しあわせもんごわんど」

これは「あとを継いでくれる若者ができたので、しあわせ者です」というほどの意味ですが、トメの優しさが滲《にじ》み出る表現です。

しかしこの本の読者の多くは、鹿児島弁ではわからないし、読みにくいのではと思い、残念ながら標準語にしてあります。

祖母のトメを一言で表すなら「信念の人」だと思います。

努力はする気なら、誰にでもできます。「継続は力なり」という言葉もありますが、トメの継続は努力ではなく、信念だと思うのです。それも母としての信念、ともいえるかもしれません。

特攻観音の建立にしても、努力で継続できたとは思えません。死んでいったわが子のために、母として墓をつくってやらなければ、かわいそうだ、という信念だったと思うのです。トメはそれを誰に対してもできた、奇跡の人だと私は信じています。明日沖縄に飛び立つのに、お腹が空いてはつらかろうと、

「さあ、食いやんせ」

と、あとからあとから出すのです。好きな子だから食べさせる、憎らしい子だから出さない、などというのではありません。

全員がかわいいわが子だったのです。そんなトメのことを、評論家の草柳大蔵氏は、

「青年たちをあたたかさでつつんだ地球の母」

と書いています。実にありがたい言葉です。また有名人としては、トメが珍しく気に入っていた石原慎太郎氏は、

「生きた菩薩《ぼさつ》という言葉があるが、そんな人を私はこの世で一人だけ知っている。鳥濱トメという、今は多分八十に近い老婆である」

と書き、その最後に、

「実際その手にたくさんの赤子をかかえた仏の姿を私は目のあたりに眺めることができた

のだから」（雑誌『Ｖｏｉｃｅ』）

と締めくくっていただいています。

どちらの文章も、トメに対するすばらしい賛辞です。そして孫の私がいうのも気が引けますが、その通りだと思うのです。

トメ亡きあと、「どうしても、この真実を映画に残したい」と私の知覧茶屋をたずねてきたのが高倉健さんでした。映画「ホタル」はそうしてつくられました。

トメに学力がなかったことは、たびたび書いてきました。なにしろ小学校を一年しか通えませんでした。

それでいて、文章も書きましたし、筆も使いました。そしてそれは孫の私が見ても、それほど下手な文字ではありません。ホタル館に来ていただければ、トメの直筆も展示しているので、読んでいただけると思います。

また、どこで習ったのか、短歌らしきものも書いています。ある人はトメから、こういう歌を贈られたそうです。

散るために　咲いてくれたか　桜花
散るこそ　ものの見事なりけり

八十一歳のトメの短歌だそうですが、この頃から自分の死も意識していたのでしょうか。

平成十七年（２００５）、トメの次女、礼子がこの世を去りました。二人館長で初めたホタル館富屋食堂であり、私は、本当に一人となってしまいました。

いまは、礼子の次男で、幼い頃からトメに育てられて、現在は東京・新宿で、「薩摩おごじょ」を経営する従兄弟の赤羽潤と、作家で陽なた家グループを率いている永松茂久さんの二人に、知覧ホタル館の特任館長をつとめていただいております。この本は、その二人にすすめられて書いたものでした。

永松さんには、序文もいただきましたが、『人生に迷ったら知覧に行け』というご著書で、トメのこと、私のこと、そして国のために死んでいった特攻隊の方々のことを、温かい筆で書いていただいています。

永松さんとは、いまから十年ほど前にお目にかかりましたから、三十歳になったかならない頃でしょう。

ある日、永松さんは祖父から日頃いわれていた「人生に迷ったら知覧に行きなさい」という言葉を思い出したというのです。

丁度その頃、永松さんは人生の方向性を決めかねていたそうですが、知覧にやってきたのです。聞いてみると祖父は軍人で、戦友が特攻隊員だったというのでした。

しかしこの永松さんの第一印象は、軽い現代風の青年で、正直なところ好感を抱きかねたのです。これはトメにとっての石原慎太郎さんの第一印象に似ています。

トメは最初に石原さんがやってきたとき、現代風の人だと思ったそうですが、

「先に特攻観音にお参りしてから来なさい」

といったところ、実に素直に従ったので、一挙に好感をもったと、私に語っています。

永松さんも最初は、一目で通じ合えたということはありませんでしたが、話を聞くうちに、石原さんではありませんが、こちらが正座しなければならない気持ちになってきたのです。

従兄弟の赤羽潤もまた、トメ、礼子の意思を継いで、知覧特攻の母・鳥濱トメ顕彰会を立ち上げ、特攻隊員と鳥濱トメの真実を全国に伝えております。

今回、思いきって書くことができたのも、赤羽潤と永松さんの「いまこそ書くべきだ」との一言によるものであることを、付記いたします。

いま、この平和な時代があるのは、過酷な時代に生き、死んでいった若者たちがいたからです。

現代を生きている人たちが、少しでも前を向いて生きられる、すばらしい国に導いていくことが、亡くなった方々への最大の慰霊だと思います。

死んでいった特攻隊員と異なり、私たちには、必ず明日がやってくるのです。

平成二十七年三月

鳥濱明久

〈主な参考図書〉

『特攻基地知覧』高木俊朗　角川文庫
『ホタル帰る』赤羽礼子・石井宏　草思社
『群青』知覧高女なでしこ会編　高城書房出版
『特攻の真意』神立尚紀　文春文庫
『指揮官たちの特攻』城山三郎　新潮文庫
『流れる雲よ』草部文子　創芸社
『知覧からの手紙』水口文乃　新潮文庫
『それからの特攻の母』伏見俊行　大蔵財務協会
『華のときは悲しみのとき』相星雅子　高城書房出版
『今日われ生きてあり』神坂次郎　新潮文庫
『人生に迷ったら知覧に行け』永松茂久　きずな出版

知覧概略図・知覧へのアクセス

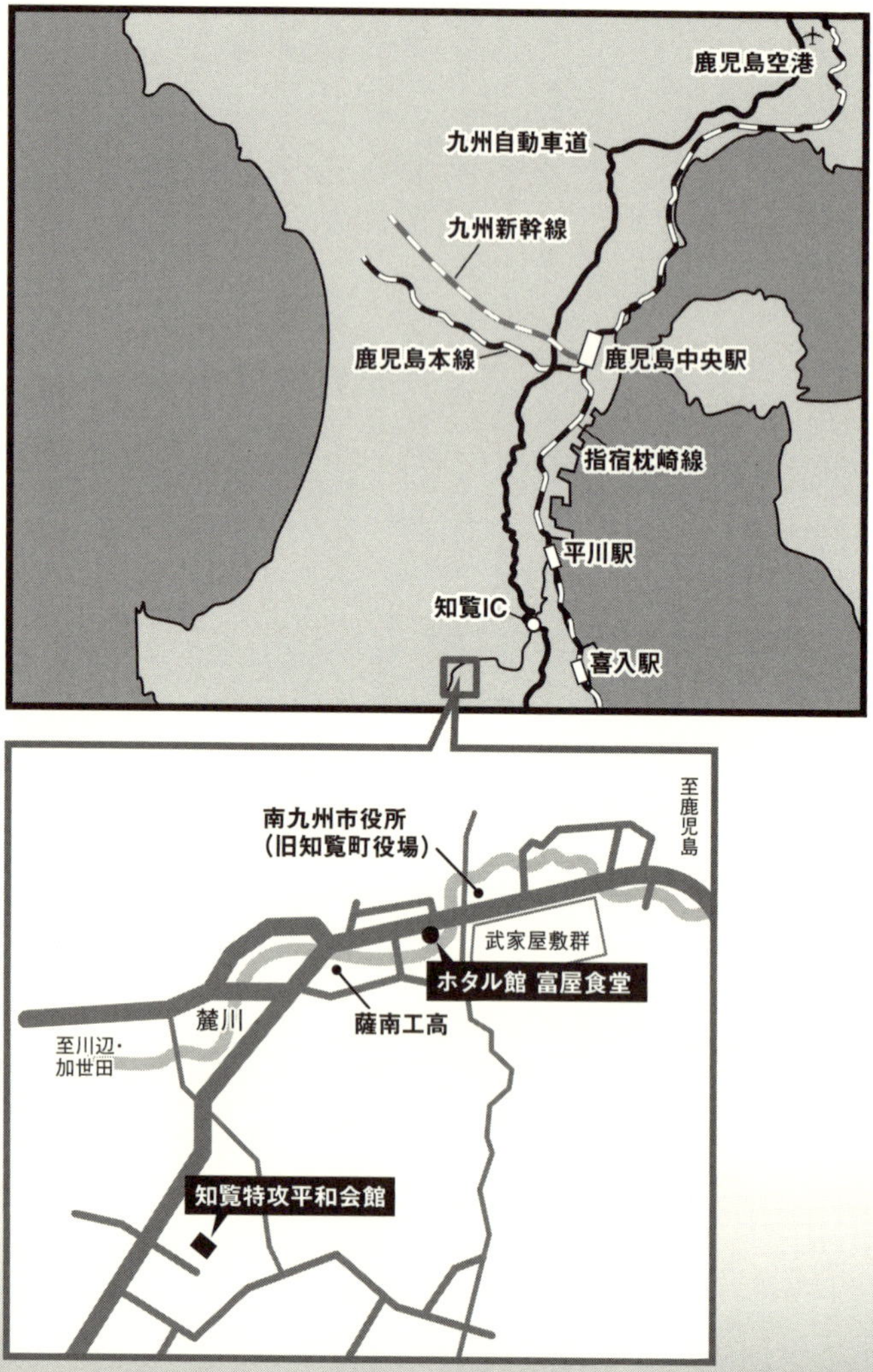

富屋食堂 ホタル館

特攻の母として隊員たちから慕われた鳥濱トメの生涯と、特攻隊員とのふれあいの遺品や写真などを展示し、これまで語られなかった特攻隊員の真実を伝えている。

当時の富屋食堂を復元し、資料館として公開中。予約で鳥濱拳大館長の講話も聴講できる。

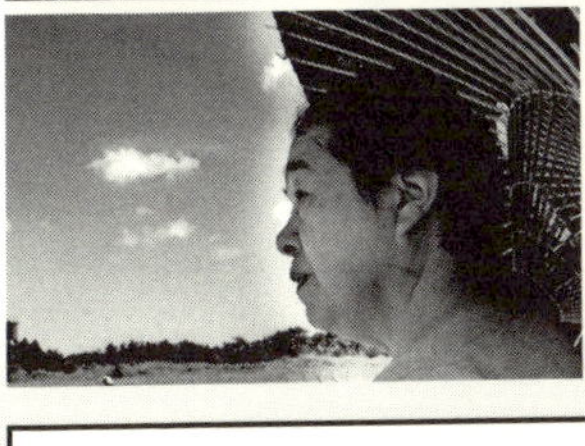

住所／鹿児島県南九州市知覧町郡103-1
TEL／0993-58-7566
URL／https://tokkou-no-haha.jp/

［著者プロフィール］

鳥濱明久（とりはま・あきひさ）

鹿児島県知覧町生まれ。鳥濱トメの長女・美阿子の二男。母トメの遺志を受け継いだトメの二女・礼子と共に、旧富屋食堂跡地に資料館「ホタル館富屋食堂」を設立し、初代館長を務めた。同館には年間4万人以上の人々が訪れる。また、１９８８年にはトメの味を守る「知覧茶屋」を創業。特攻隊員の想いを伝える語り部としても精力的に活動し、30年で80万人以上にその歴史を語り継いだ。２０２１年7月逝去。その遺志は、子息・拳大氏に引き継がれている。

●知覧特攻の母鳥濱トメ顕彰会
https://www.torihamatome.jp

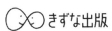

知覧いのちの物語
―「特攻の母」と呼ばれた鳥濱トメの生涯

二〇二五年五月一日　新装版第一刷発行
二〇二五年六月五日　新装版第二刷発行

著　者　鳥濱明久
発行者　櫻井秀勲
発行所　きずな出版
東京都新宿区白銀町一－一三　〒一六二－〇八一六
電話〇三－三二六〇－〇三九一
振替〇〇一六〇－二－六三三五五一
https://www.kizuna-pub.jp/
装　幀　福田和雄（FUKUDA DESIGN）
編集協力　ウーマンウエーブ
印刷・製本　モリモト印刷

ISBN978-4-86663-280-3